哲学思考

本質を突き詰め、考え抜く

How to integrate philosophical thinking with business

吉田幸司
クロス・フィロソフィーズ
代表取締役社長

かんき出版

はじめに

■なぜ、いま哲学が事業として成立するようになったのか

「これからのビジネスには哲学が必要だ！」
「ビジネスに役立つ哲学」

こういった宣伝文句が、書店の実用書コーナーや各種メディアで掲げられています。読者のみなさんも、哲学とビジネスに関心を抱いて本書を手に取ってくださっているのだと想像します。

しかし、哲学がビジネスに必要であるとか役に立つとは、本当のところ、何を意味するのでしょうか。こう問われたとき、哲学が実社会、とくにビジネスの現場で役立つことについて確信と企業事例をもって答えられる人は、実はほとんどいないのではないでしょうか。

２０１７年５月、私は**日本初の「哲学コンサルティング会社」を設立**し、ビジネスの最

前線で哲学を実践・活用してきました。哲学の博士号を取得したのち、研究職・大学教員を経て、現在は中小企業から年商1兆円を超える大企業まで、さまざまな企業を対象に人材・組織開発、ビジョン構築、社会課題コンサルティングなどを行っています。

なぜ、いま哲学が事業として成立するようになったのか。

これまで哲学といえば、役に立たないものの代名詞として揶揄され、ビジネスから最も遠いと思われてきました。実際、古代ギリシアの哲学者ソクラテスも、アテナイの人々に次のように訴えかけました。

「最も優れた人よ、きみは知恵と力にかけては最大にして最も誉れある国、アテナイの国民でありながら、どうすればできるだけ多くの金が自分のものになるか、金のことを気にかけていて恥ずかしくはないのか。名声と名誉については気にかけながら、思慮と真実について、また魂について、どのようにすればそれが最も優れたものとなるかを気にかけることもなければ、思案することもないとは[1]」

この言葉を思い起こすならば、ビジネスと哲学は水と油の関係どころか、混ぜ合わせてはいけないとさえ思われることでしょう。

しかし今日、ビジネスと哲学の関係は大きく変わっています。ＥＳＧやＳＤＧｓをはじめ、企業は環境への配慮やジェンダー平等など、社会課題への取り組みが求められるとともに、社会における自社の存在意義（パーパス）の提示が競争力／共創力になるようになっています。

かつて、ソクラテスやプラトンたちが「よく生きるとは？」「美とは何か？」といった価値をめぐる問いを探究したように、いまや企業もビジネスパーソンも、物事の本質や価値の追求と無縁ではなくなりつつあるのです。

とはいえ、善や美といった言葉の意味を辞書で調べてあてはめたところで、他社と差別化したビジョンを打ち出せないばかりか、人々からの共感を得ることはできません。ときには社会通念を疑い、事柄の本質と思われてきたことを逸脱するような新たな価値基準を提示することだって必要なこともあります。

例えば近年、ユニリーバやジョンソン・エンド・ジョンソン、ロレアルといった大手化粧品会社が、人種差別的バイアスへの憂慮などを理由に、「美白」などの表現をやめるという発表をしました。また、カミソリなどを販売する大手メーカーのシックは、毛に対する多様な価値観を尊重するため「ムダ毛」といった表現を廃止することを宣言しました。[2]

こうした事例には、「そもそも美白＝よいことなのか？」「何をもってムダといえるのか？」と固定観念を問い、新たな価値基準を提示していく姿勢と戦略を見出すことができます。

私が代表を務める会社でも、「従来は○○がよいと考えられてきたけれども、本当にそういえるのか？」「もし△△だったらどうだろうか？」と問いを深め、既存の思考フレームを超えていく哲学的な思考を活用し、商品・サービス・広告のコンセプトメイキングや人材・組織開発などを実施してきました。

広い視野や深い洞察力を獲得できるようになる社員研修や対話型ワークショップ、哲学の専門知を活用したコンサルティングを行い、クライアント企業の課題に応えています。

本文でご紹介する「働き方改革」や「女性活躍」、商品・サービス・広告に関わるプロジェクトの具体的課題から、「未来への責任」「研究開発の使命」「よく生きる」といったものまでテーマはさまざまです。

ひと昔前であれば、そんなことについて考える暇があったら課題解決に向けて手を動かしたほうがいいと、一蹴されたかもしれません。ですが、モノ・コトに限らず、意味のイノベーションが求められる昨今、**ビジネスパーソンにも物事の本質を掘り下げて考え抜く**

力が必要となりつつあります。

それは、よりよい世界をつくるための社会的価値の創出に資するとともに、**企業が事業を展開していくうえでも新たな価値規範を提示し、競争／共創戦略を優位に進めていくコンピタンス（能力）になる**のです。

抽象概念を問い、本質を（ときには従来の考えを逸脱して）掘り下げる意義は、社会的価値の創出のためだけではありません。自分たちの組織あるいはプロジェクトチームの基軸をつくるうえでも必要不可欠になりつつあります。

ビジネスを取り巻く環境がかつてよりも複雑化し、変化も激しくなっている今日、外部環境に合わせるだけではその激流に飲み込まれてしまいます。流れに翻弄されないためには、「この事業を通じて何を実現したいのか／したくないのか」についての**ぶれない判断基準をもつ**ことが重要です。

「自分たちは何者なのか」「自社の事業の本質は何か」という問いに対する基軸をもつことは、どのアイデアや戦略を採用すべきか／すべきでないかの羅針盤になります。

哲学的な思考や対話を通じて、メンバーみんながそのビジョンやコンセプトを共有することで、結束力の高いチームビルディングを実現することにもつながるでしょう。

人間の本性や世界の根源的原理、真善美といった普遍的価値を探求してきた哲学は、抽象的な問いに向き合い、深く思考していくにあたって絶大な力を発揮します。

「なぜを5回問え」というビジネスの格言もありますが、**哲学的理性は合理的に突き詰めるだけではなく、もはや「なぜ」「なんのために」を問えない究極的なものに到達するダイナミックな思考**です。

私自身、哲学の知見と思考法を使って、クライアントの抱えるさまざまな課題に応えてきました。哲学が実社会、とくにビジネスの現場で活かせるとはどういうことか——本書は企業での導入事例を交えながら、この問いに答えたいと思います。

■ 本書の構成

本書は4つの章から構成されます。あらかじめ申し上げておきますと、第1〜3章はできるだけ哲学の専門用語を使わず、誰でも練習すれば哲学的な思考を実践できるように企図して書かれています。特に、**哲学者の思考の基礎を非哲学者も実践できるように私が考案したメソッド「哲学シンキング」**を中心に、その用途、方法、企業での導入例をご紹介

本書で扱う「哲学思考」

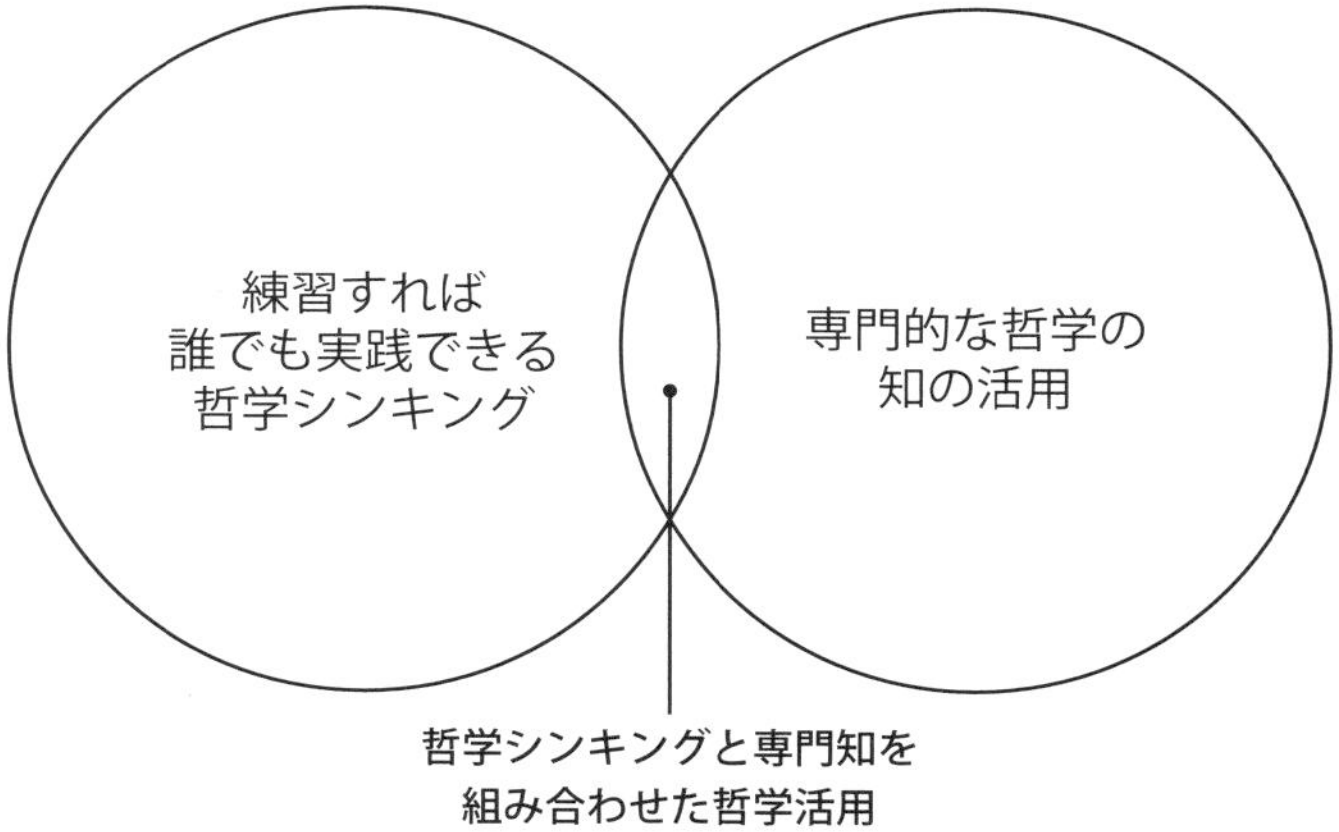

します。

一方、第4章では専門的な哲学の知がどのようにビジネスや実社会で活用されるのかについて論じています。ただし、予備知識を前提しないで読めるように記述しています。

本書では、私がメソッドに落とし込んだ思考法を指す場合は「哲学シンキング」という言葉を使います。それに限定せず、専門知を活用する場合を含めた広い意味で哲学的な思考を指す場合は、「哲学思考」（あるいは単に「哲学」）という言葉を使います。

まず第1章では、欧米における哲学コンサルティングの動向や、哲学や倫理の捉え方に関する日本との違い、ビジネスの現場における哲学の用途を紹介していきます。

第2章では、複数の企業で取り入れられている「哲学シンキング」のメソッドを紹介します。このメソッドは、個々人の自発的思考力や課題設定力の向上のみならず、複数人の対話型ワークショップを通じて、ビジネスの課題解決で活用されています。他の「〇〇思考」との違いに触れたうえで、組織やチームで実践する方法を解説します。

第3章では、哲学シンキングを活用したクライアント企業での事例のほか、メソッドを習得した「哲学シンカー」たちの導入例をご紹介します。

最後の第4章では、専門的な哲学の活用法について、実際に私自身がどのように専門知を活用しているかを解説します。

もともと私は、英国出身の哲学者A.N.ホワイトヘッド（1861―1947）を中心に「プロセス哲学」という分野を研究してきました。彼は教え子のB.ラッセル（1872―1970）とともに『プリンキピア・マテマティカ（数学原理）』を著し、現代思想の嚆矢《こうし》となった哲学者です。1924年に渡米後、ハーバード・ビジネス・スクールの経営学者や実務家にも多大な影響を与えています。

日本では世界的な経営学者である野中郁次郎氏が、「知識創造理論」ないしは「SECIモデル」において参照しています。現代主流の経営学史とは異なる「もう一つのハーバード・ビジネス・スクール」の系譜を辿りながら、異なる価値観・世界観のギャップを超克する人材・組織開発などへの哲学活用について論じていきます。

■ビジネスパーソンこそが哲学を取り入れる意義

冒頭でも触れたように、これまでビジネスパーソンは哲学を敬遠し、また、哲学研究者たちはビジネスから一定の距離をとってきました。しかし、2500年以上の哲学史全体を見渡すとき、世界初の公共交通機関（乗合馬車）を設立したB・パスカル、王侯貴族の家庭教師や秘書、北部省次官、図書館館長だったD・ヒューム、東インド会社事務官にして政治家だったJ・S・ミルなど、実社会で働く実務家でもある哲学者も数多くいたのです（42頁のコラムで詳述）。

現実世界の課題に関わるなかで生まれた哲学は数知れません。一方で哲学には、それまであまりにも自明で誰もが疑わなかった価値観・世界観に気づき、新たに構築し直す働きがあります。哲学とビジネスは協働して、新たな価値を提示したり事業を展開したりして現実を変革することができます。

少なからぬ哲学者たちがそうであったように、新しい価値観・世界観を提示する取り組みは最初、「そんなことできるわけがない」「おかしなことを言っている」と否定されるかもしれません。しかし、周囲からの冷笑にめげず、自身のなすべきことを続けるなかでいつかは実を結び、世の中の流れを変えることがあります。

現に、私もそうでした。

2017年に「哲学で起業する」といったとき周囲の反応は、「哲学がどうやって仕事になるの?」「そんな市場はない」「考えが甘い」といった冷ややかなものでした。

それでも、「自身の哲学研究を現実世界との関わりのなかで実践したい。よりよい未来をつくるために哲学は必要不可欠だ」という思いから事業を展開していくうちに、三菱地所やTOPPAN、リクルート、ライオン、パーソルキャリアといった企業での仕事や、『日本経済新聞』や『週刊ダイヤモンド』などメディア掲載に恵まれていきました。[3] 挫折も経験するなかで事業を導いてきたのは、ほかならぬ哲学だったのです。

本書がお伝えするのは、「哲学する」ことを通じてより本質的な課題を発見し、自身や自社が何をなすべきかを突き詰めて考えるためのコツ、またそれを自身の仕事や自社の取り組みに導入する方法です。

ビジネスパーソンをはじめ実務を担う方々にこそ、哲学を取り入れていただくことでよりよい未来を――「よりよいとはどういうことか」の探求を含めて――実現できると私は考えています。

個人においても組織においても、新しいことにチャレンジする方々や、逆境や難局を乗り越えようとしている方々に本書が寄与できれば幸いです。

目次

第2章 本質を問い、世界観を拡張する哲学シンキング

第3章 哲学シンキングを導入した企業事例

第4章 専門知に基づく哲学コンサルティング

ブックデザイン　山之口正和＋齋藤友貴（OKIKATA）
図　版　リクリデザインワークス
ＤＴＰ　Office SASAI
第3章執筆協力　長山清子

第1章

ビジネスの現場での「哲学活用」最前線

「哲学の社会実装」という新規事業開発

会社を興す前、私は大学で研究職をしていました。上智大学の哲学研究科で博士号を取得したのち、同大学文学部の特別研究員を務め、その後、日本学術振興会特別研究員として東京大学の哲学研究室に所属し、研究に勤しんでいたのです。しかし、日々研究に取り組むなか、ある疑問を抱いていました。

「今日において、哲学はどれほど現実世界を変革する力をもっているのだろうか」

私の専門分野は「形而上学」と「コスモロジー（宇宙の哲学）」。究極的実在は何か、なぜ世界は生まれたのか、といった問題を探求する分野です。

役に立たないと思われている哲学のなかでも、最も実用性から離れているといっても過言ではありません。もちろん思索が深まることで、人生や世界の捉え方が根本から刷新されていくことはあります。しかし、寝食を忘れて一心不乱に哲学書を読んで論文を書き、学会発表や学会誌への投稿をしても、実社会への波及力を実感することはほとんどありませんでした。

哲学に波及力など必要ない——そう考える人もいるでしょう。ですが、世界の根源的原理や普遍的構造、真善美といった価値を探求する類の哲学は、古来、世界をよりよい方向に導く機能を果たすとも考えられてきました。

プラトンのコスモロジー『ティマイオス』やホワイトヘッドの形而上学書『過程と実在』といった哲学書は、哲学的理性が暴力を抑止し、悲劇を避け、価値ある世界を実現することを教え示してくれています。


2500年以上にもわたって紡がれてきた哲学の知恵を、この現実の世界に活かしたい。よりよい未来をつくるためには、哲学の社会実装が不可欠だ。こうした思いを胸に、2017年、私は日本初の哲学コンサルティング会社を設立したのです。しかし、事業モデルもマーケットもないなかでの新規事業開発。その道のりは、自らの歩みでけもの道をつくっていくようなものでした。

哲学が実社会、とくにビジネスの現場で活かせるとはどういうことか——以下ではその真実について紹介していきたいと思います。

そのためには今日、哲学とビジネスが国内外でどのように受け止められているのかについて、私自身が哲学を事業化していった試行錯誤のプロセスとともに紹介していくのが近道となるはずです。

グーグルやアップルによる「企業内哲学者」の雇用と欧米における哲学活用

実のところ、2010年代は世界的に「哲学コンサルティング」の活用が急速に進んだ時期でもあります。[4]

もう10年ほど前のことになりますが、**米グーグルで「インハウス・フィロソファー（企業内哲学者）」が雇用されている**ことが世界的に話題になりました。哲学の博士号をもつD.ホロヴィッツが、パーソナライズ機能やプライバシーの問題などに関わる開発プロジェクトを主導していたことが、いくつかの海外メディアで報じられたのです。

彼はエンジニアでありながら、認知や言語に関する哲学の専門家でもあります。その講演活動では、「テクノロジーというレンズを通して世界を見るだけでは見逃してしまうことがたくさんある。言語に意味を与えるような多くのことも含めてだ」と話していることからもわかるように、テクノロジーの開発だけではなく、その背景にある意味や、それがもたらす倫理的問題について助言していたことが窺われます。

企業内哲学者が雇われてきたのはグーグルだけではありません。２０１４年には、**米アップルで著名な哲学者J．コーエンがフルタイムで雇用されました。**コーエンはデモクラシー論などを専門とする政治哲学者です。彼が何をしているのかは取材拒否のため明かされていませんが、「アップル・ユニバーシティー」という社内向け教育機関に配属されたことから、政治哲学的な視点での助言や研修などで活躍してきたことが予想されます。

これらは個人の哲学者が企業内で雇われてきたケースですが、**欧米では「哲学コンサルティング」の企業や団体も設立**されており、それらを利用するケースも多々あります。

例えば博士号をもち、アスコルという企業を設立したA．タガートは、「どうすれば私はもっと成功できるのか」と考える企業幹部に対し、「なぜ成功しなければならないのか」と問い返すような哲学的なコーチングのプログラムを提供してきたそうです。[5]

そうした問いかけを通じて暗黙裡に抱えてしまっている先入観が再考されたり、「そもそも成功とは何か」といったより深い思考へ導かれたりするというわけです。

2022年に私も参加したセミナーは、「欠乏感（本当は十分に足りているにもかかわらず、まだ足りないと信じたり感じたりするマインドセット）の克服」というテーマで実施されました。

タガートは「何が欠乏感を生み出すのか」という問いからスタートし、「自分自身についての知識が欠如しているからだ」と答えます。

彼によれば、欠乏感はお金、時間、課題の達成などに関して「まだ十分でない」と感じるときに生じるが、どうしたらもっとお金や時間を得られるかといったふうに、対象に意識が向けられてしまいます。

しかし、「誰にとって十分でないのか」を問い、自分が自分についてわかっていれば、足りないものがあると信じたり感じたりしないだろうと言います。欠乏感の克服に向けて、どのように欠乏を感じるか、欠乏感を抱くとき何者になろうとしているのかについて内省を促すとともに、そうした欠乏感がないとしたとき、「私は何者であるか」を問いかけます。

彼の事業活動は個々人を対象に哲学的に問いを深め、自己内省を促す特徴をもっているといえるでしょう。

アメリカにはタガートのような活動をする「哲学プラクティショナー」が数多くいて、「アメリカ哲学プラクティショナー協会」という組織がその認定を行っています。

こうした哲学コンサルティングの広がりは、欧州でも加速しています。もともと米国に先んじて、1981年、ドイツの哲学者G・アーヘンバッハが自身のクリニックで「哲学カウンセリング」を開業したのですが、[6]そうした潮流が発展し、今日ではビジネスシーンでの哲学コンサルティングが広がっています。

例えばドイツには「プロイェクト・フィロゾフィー」、オランダには「ニュー・トリビュウム」といった哲学コンサルティングの企業や団体があります。これらの組織は議論するスキルを向上させるコーチングやセミナーを実施したり、会議のファシリテート（対話の進行）をしてより本質的な議論に深まるように導く支援をしたりしているようです。

問題解決偏重の日本の市場

起業当時は私自身、こうした世界的動向についてすべてを知っていたわけではありません。ですが、人工知能やバイオテクノロジー、次世代モビリティーといった新興技術が目覚ましい発展を遂げる反面、それらの社会への悪影響や倫理的問題が懸念されたり、気候変動やジェンダーに関わる問題など、さまざまな社会課題への対応が求められたりする21世紀は、哲学コンサルティングが必要となる――そう確信していました。

しかし、起業してまもなく挫折を味わうことになります。日本のビジネスの現場では、専門的な哲学も倫理学も求められていない。求められているのは問題のソリューション、それもできれば売上利益に直結するソリューションであることがわかってきます。

そんなの当たり前じゃないか。そう思う方もいらっしゃるかもしれませんが、私も無鉄砲に起業したわけではありません。研究職をしているときから、経営者や企業人が集う場に足を運ぶなかで、哲学に関心を寄せてくれたり、「ビジネスには哲学が必要だ」と語ったりする人に数多く出会いました。入門的な哲学の話から、社会課題に関わる哲学の話まで紹介するなかで、「ぜひとも仕事を依頼したい」という人もいたくらいです。

ところが現実には、「そもそも成功とは何か」「技術と社会の関係はどうあるべきか」などを問うよりも、目の前に差し迫ったビジネスの問題や業務に追われている。「そういうこと考えるの、大事だよね」と思っていても、既存のビジネスのフレームのなかでどのように役立ち、成果が出るかがあらかじめ見えなければ予算もつけられない。

それどころか「役に立つ哲学」として想像されているのは、格言や雑学によるお悩み解決のような、哲学者たちが行っている哲学から乖離した「哲学」のイメージが抱かれていることさえあります。

ここには、哲学・倫理学の捉え方やビジネスとの関係性について、欧米と日本での根本的な違いがあります。

ルールメーカーを目指す欧米企業

日本企業に比して、欧米企業は自分たちでプラットフォームをつくろうとするだけではなく、ルールさえもつくろうとする傾向がしばしば指摘されます。[7]

世論など、社会が問題をどのように捉えているかを把握しつつ、それに応えるかたちで法制度の整備に働きかけたり、「自分たちは何をよしとするのか」を明確にして打ち出したりしていく姿勢が見られます。

GAFA[8]が企業内哲学者を雇うのには、こうした戦略的な意図もあってのことでしょう。

柔道などの国際競技でルールが変わってしまえば、負け知らずだった選手も負けてしまうことがあるように、**ビジネスでもルールメーカーこそが競争優位に立つ**ことができます。

とはいえ、自分たちのルールを社会に押しつけようとしても、人々はついてきてくれません。自社がどんな理想の社会を思い描くのかというビジョンと、それに説得力をもたせるための理由が必要です。

セールスフォースやボーイング、ロレアル、Ａｉｒｂｎｂなど欧米企業には、「ＣＥＯ(Chief Ethics Officer＝最高倫理責任者)」やそれに類する役職さえ設置されているところもあります。哲学や倫理が自社の事業展開に積極的に活用されているのです。

一方、日本企業は炎上の回避やコンプライアンス（法令遵守）には気をつかいますが、新しいルールメイキングには消極的だといわれます。

例えば、新興技術やイノベーションに関連してまだ法制度が整っていないグレーな部分があれば、「お上」に早く法制度を整備してほしいと要求するなど、誰かがルールを決めてくれるのを待つ姿勢になりがちです。

欧米企業が法的にグレーなら、ルールメイキングに結びつく働きかけをしたり、法整備に先んじて思い切った社会実験をしたりするのとは対照的です。

日米欧における「倫理」の捉え方の違い

ここには、「倫理」という言葉の理解の違いも影響しています。日本社会で「倫理」というと、「〇〇してはいけない」とか「人はかく生きるべし」といった、外的に与えられる道徳訓や活動を規制するガイドラインのようなものとして理解されがちです。

コロナ禍で外出自粛が求められた際（法ではなく倫理として）、外出者が過度に非難されたり差別されたりしたように、いわゆる同調圧力のため、倫理が法以上に権威的かつ抑圧的に働くこともあります。

対して、西洋哲学における「倫理（学）」はそうした意味での倫理も含みますが、むしろ、**「自分（たち）は何をよしとするのか」「なぜそう考えるのか」について筋道を立てて追究していく知的な営為**です。誰かの教えを無批判に受け入れる道徳訓やガイドラインとは異なり、自ら規範を打ち立て、それに自ら応答していくものなのです。

もちろん、「欧米では哲学者や倫理学者を雇用している。法的にグレーなことでも倫理を武器にイノベーションに取り組んでいる。だから日本もそうしよう」とはなりません。実際のところ、GAFAのなかには新しい規範をつくる裏面で、守るべき規範を破ってきた一面もあり、無批判に欧米企業に追随するのは非哲学的な姿勢ともいえます。

重要なポイントは、今日、**「自分（たち）は何をよしとするのか」「なぜそう考えるのか」について哲学的に考える必要性がさまざまな場面で生じてきている**ということです。

このことについて述べるに先立って、そもそも「哲学」という言葉は何を意味するのかについて整理しておきましょう。

コラム

GAFA礼賛への警鐘と企業専属哲学者の功罪

欧米での哲学活用の広がりを、オウンドメディア『BIZPHILO』や各種メディアを通じて発信したところ、大きな反響がありました。しかし、私自身は欧米での先行例の功罪両面を見極める必要があると考えています。

例えば、2020年12月、米グーグルは同社の大規模言語モデルに含まれる差別的バイアスを指摘した、AI倫理研究者ティムニット・ゲブルを解雇しました。論文の共著者から名前を削除するよう要求されるも拒否したためです（彼女はAI開発現場の白人男性の比率が高く、多様性がないことも問題視していました）。それに抗議したマーガレット・ミッチェルも解雇されてしまいます。その結果、研究者コミュニティの離反やグーグルからの資金提供の拒否、社員2600人以上による抗議署名、抗議辞職などが起きたのです。[9]

一方、倫理学者をポジティブに使おうとした例もあります。

2021年、ツイッター（現X）は倫理的AIをつくるために、ビッグテックに最も批判的なAI倫理学者を雇用しました。ツイッターのMETA（Machine Learning, Ethics, Transparency and Accountability）チームは、「責任ある機械学習」を同年の主要な優先事項に設定させたのです。[10]

ところが、2022年11月、イーロン・マスクがツイッターを買収したあと、METAチームは解散されたと報じられました。[11] グーグルやツイッターの事例は、企業活動と倫理的な要求が葛藤を起こすことがあることや、哲学者や倫理学者が雇用されても企業が倫理的な正しさを優先するとは限らないことを示しています。

それどころかエシックスウォッシュなど、哲学や倫理学が自社事業の正当化などに使われる可能性もあるでしょう。しばしば企業活動と倫理的な要請は葛藤を起こしますが、哲学者や倫理学者を起用すれば問題そのものが解決するわけではありません。

ここには、「インハウス・フィロソファー」というあり方の功罪があります。「インハウス（企業専属）」であることにより、哲学（者）が批判的な機能を果たさず、自社やクライアントの正当化に悪用されてしまう危険性があるからです。

海外での動向に対して、日本企業はどのように哲学・倫理学と関係性を結べばいいのか慎重に考えていく必要があるでしょう。

「哲学とは何か」という哲学的問題

「哲学って何だと思いますか?」

こう問われたとき、読者のみなさんはどのように答えるでしょうか。

企業での講演や大学の授業でこの問いを投げかけると、「ソクラテスとかプラトンとかが出てくるやつ……」とか、「本質を問う学問」「企業理念や経営者の考え」といった回答が返ってきます。

誰もが「哲学」という言葉を知っているにもかかわらず、その意味については定かでなく、漠然としたイメージしかないようです。

実のところ、**「哲学とは何か」という問い自体が哲学の大問題**でもあります。紀元前5世紀、古代ギリシアで使われ始めた言葉「フィロソフィア（philosophia）」は、「愛する」を意味する「フィレイン（philein）」と、「知恵」を意味する「ソフィア（sophia）」が合わさってできました。原義は「知恵を愛する」です。

しかし、「そもそも知恵とは何か」「知恵を愛することを否定するような哲学もあるのではないか」……などなど、原義に対して問いを投げかけることもできるのであって、歴史を遡るだけでは「哲学とは何か」に答えたことにはなりません。

もちろん大学には哲学科という学科があり、専門の研究者や「〇〇哲学会」という学会も存在します。哲学科では古代から現代までの哲学史を学んだり、プラトンやアウグスティヌス、デカルト、カントなど、さまざまな哲学者の文献を読んだりするカリキュラムが組まれています。しかし、哲学史の知識を反復することや、過去の哲学書を読んで理解することが哲学とは限りません。

哲学の学会でも、「〇〇（哲学者や哲学書の名称）における△△概念について」といったタイトルの研究発表がプログラムに多く見られますが、哲学の研究者たち自身がそういった論文を「おける論文」「ついて論文」と揶揄し、それらが哲学といえるかどうか論議されるほどです。

哲学とは何か、独自の方法論があるのかといった問題を哲学する「メタ哲学」という分野が、今日の哲学研究のホットなトピックにさえなっています。

「哲学」の三つの意味

哲学の専門家にとっても、「哲学とは何か」という問いは答えに窮する問いですが、本書ではさしあたり次の三つを区別しておきましょう。

❶ある個人の人生訓、格言、信条としての「哲学」
❷「なぜ?」「どういう意味?」など、考えを掘り下げる「哲学」
❸大学などに所属する哲学者たちが研究している「哲学」

人生哲学とか成功哲学、恋愛哲学といった用法で「哲学」という言葉が使われるように、世間一般で「哲学」というと、まず❶の意味や用法の哲学を指すことが多いのではないでしょうか。

それは、人生や仕事、恋愛などの問題に対して、ある個人がどのように乗り越えてきたかの体験談であったり、「こうすればうまくいく（うまくいった）」という信条や格言をまとめたりしたものです。

確かに、2500年ほど前に古代ギリシアで始まり今日まで紡がれている哲学にも、こうした側面があります。ニーチェの言葉やストア派の哲学など、自己啓発の文脈で特定の哲学者の言葉が引用されるときのように、❶の意味での哲学も存在しています。

しかし、❷の意味の哲学は、❶の意味を含みつつ批判的に超えます。❶の哲学は、ともすれば自分の考えを疑うことなく盲信したり、他の誰かが言った言葉をその背景や文脈を理解せず鵜呑みにしたりする哲学になります。それは自分を鼓舞して奮い立たせたり、精神を安定させたりする効用をもたらすかもしれませんが、ときには事実に反したり根拠がなかったりしても、頑なに自身の信念を曲げない「ドクサ（独断、臆見）」に陥ることもあるでしょう。

それに対して❷の哲学は、自分が決めたポリシーや誰かの言葉に対して、「**なぜそうい**

えるのか？」「そもそも○○とは何を意味しているのか？」「本当は違うんじゃないか？」と問い、筋道を立てて考究していく哲学です。

哲学者たちが研究している哲学の諸分野

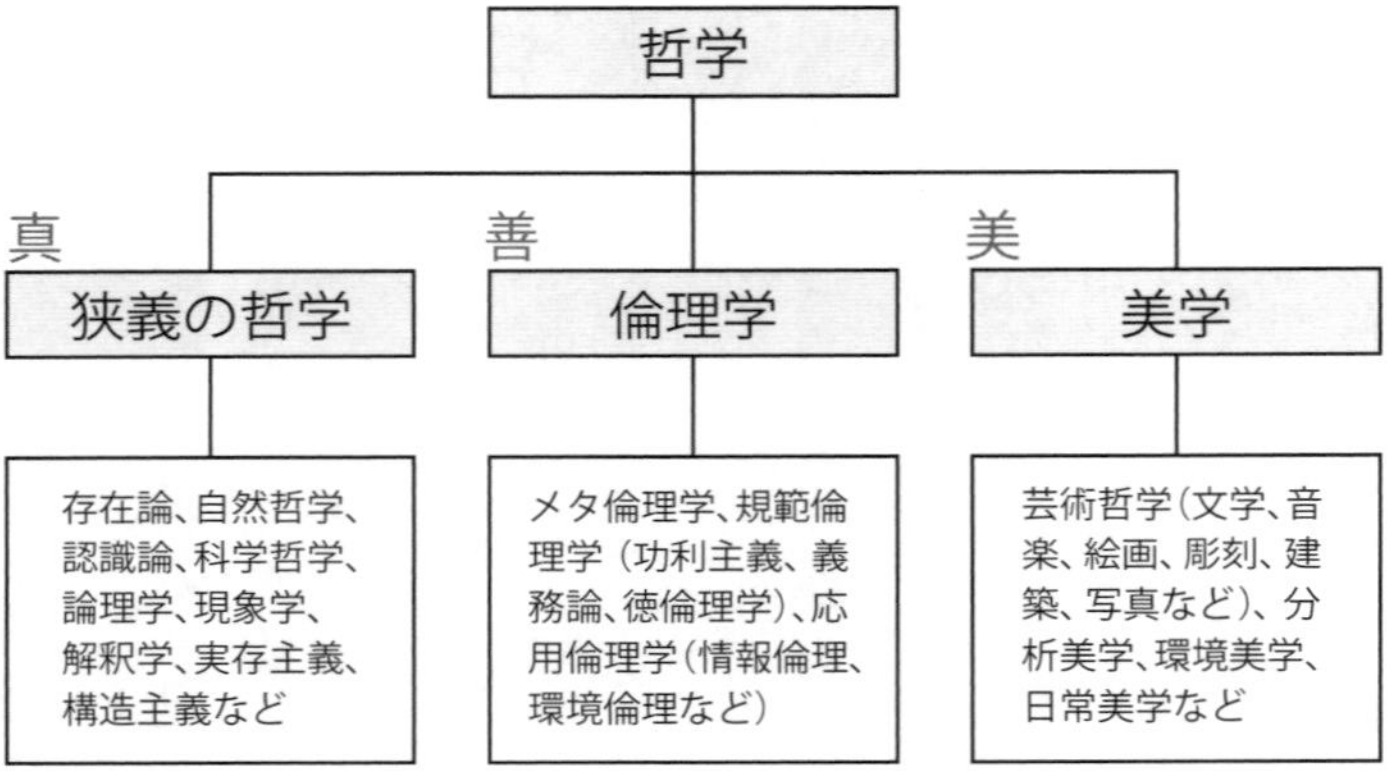

先述した哲学活用の海外事例のいくつかは、こうした哲学的な「思考」もしくは「態度」を企業活動に取り入れている事例といえます。自社の企業活動が本当に倫理的によいのか、自分の仕事の意義はなんなのか。こうした**問いを深く掘り下げて思考することが、哲学思考**だといえるわけです。

大学などの研究・教育機関に所属して哲学を仕事とする研究者たちは、こうした❷の哲学思考のプロフェッショナルでもあります。ただし、哲学の専門家が行っている哲学は❷の哲学に尽きません。

「哲学」は、「狭義の哲学」と「倫理学」と「美学」に分けることができます。いずれも根拠や理由、意味を掘り下げて問うという点では広い意味で「哲学」ですが、倫理学は特に「善」を、美学は特に「美」を研究する分野です。

狭義の哲学には存在について考究する存在論や、認識について考究する認識論など多様な分野があり、図のように細分化した個別分野や主義・思想があります。

哲学の研究者たちは過去の哲学者の思考を追跡したり、同時代の哲学者たちと議論したりすることで、さまざまな哲学的問題に立ち向かっているのです。

哲学者のスキルセットと「哲学シンキング」

私は当初、❸の意味での専門的な哲学を組織運営や技術開発の倫理コンサルティングに活かしていけるのではないかと起業したものの、うまく事業化できず模索するなか、自分にできる仕事はなんでもやりました。

一般の方に向けた講演や哲学書講読セミナー、ワークショップの進行など、二束三文の仕事でも片っ端から試していくうちに、複数の人から同じことを指摘されることに気がつきます。

「そのファシリテーション、すごいですね！　どうやってるんですか？」

皮肉にも、哲学の専門知識より哲学的思考をベースにしたファシリテーション、とりわけ、問いや論点を掘り下げ、本質的な課題を突き止めるスキルが高く評価されたのです。

一般に哲学専攻の大学院のカリキュラムは、講義、文献講読、ゼミから構成されます。特に文献講読やゼミでは、哲学専攻の教員や院生たちとのディスカッションが毎回あり、大方、次のように進められます。

①テキストの指定箇所（ゼミの場合は発表者の原稿）を事前に精読してきて、わからなかった点、疑問や反論を挙げて受講者間で共有する。
②教員による進行のもと、それらの問いについて議論し、テキストの正確な理解を協働で目指す。
③テキスト、あるいはその著者の哲学者（ゼミの場合は発表者）の考えに対して批判的に考

察したり、発展的な問題について議論したりする。

ビジネスでの会議のように、あらかじめアジェンダ＝議題が決められているわけではありません。むしろ**「わからないこと」や「問い」の共有からスタート**し、それらについて互いに批判的に問いかけながら、そのテキストに書かれている真意や事柄の真理を協働して掘り下げ、解読したり探求したりしていきます。

「哲学科に入学してなんの役に立つのか」「まともに就職できるのか」と親や友人から言われたというエピソードは哲学科の「あるある」ですが、難解な哲学書と学友を相手に、毎日理由や根拠を問いかけあいながら議論していくわけですから、思考力が鍛えられないわけがありません。

なかでも他人の言葉（テキストに書かれた哲学者の言葉を含みます）を正確に理解する力、論理的・批判的に議論したり要点を整理したりする力、そしてなにより問題を掘り下げて本質を追究する力は、「哲学する」ことを通じて格段に高まっていきます。

哲学的な思考のニーズに気づいた私は、ゼミやビジネスセミナーなどで行っていた**自身**

の思考パターンとメモのとり方を整理し、そのメソッドを「哲学シンキング」と名づけました。

２０１８年5月、その講演とワークショップを六本木アカデミーヒルズで実施したところ、大反響がありました。その後、数々の大手企業から仕事の依頼がきたり、『日経電子版』のストーリー（「キセキの高校」）や『週刊ダイヤモンド』などのメディアに大きく掲載されたりするようになっていったのです。[12]

では、哲学の知見や思考法は、ビジネスのどのような場面で活用できるのか。以下では、適用できる目的や用途、フェーズについて解説していきます。

コラム　実務家でもあった哲学者、哲学に学んだ投資家

古代ギリシアの哲学者ソクラテスは、真実っぽいことを語る弁論術を教え報酬を得ていたソフィストを批判し、名声や名誉、お金のことよりも、魂をよりよくすることに気をつかうべきだと説きました。その影響もあってか、ビジネスと哲学は相容れないものとして捉えられる傾向にあります。

しかし最新の研究では、そうしたソフィスト理解は一面的であると見直され、ソフィストたちの洗練された議論や教育的意義が評価されつつあります。そればかりか、２５

00年以上の哲学史を見渡すとき、哲学者は実務と無縁だったというのは偏った理解だと言わざるをえません。[13]

「人間は考える葦《あし》である」という言葉で有名な近代フランスの哲学者B．パスカルは、世界初の公共交通機関（乗合馬車）を設立した功績があります。貧しい人たちが、当時個人用だった馬車を利用できないことを嘆き、5ソルという安価な料金で利用できるように設立したそうです。

また、スコットランドの哲学者D．ヒュームは、王侯貴族の家庭教師や秘書、北部省次官、弁護士協会図書館館長など、その活躍は多岐にわたります。彼の倫理学・政治思想が実務でも活かされていたことは想像に容易いでしょう。

ほかにも、政治家として大法官まで上り詰めたF．ベーコン。伯爵のお抱え医師だったJ．ロック。顧問官や図書館司書に就き、公共的事業を担ったG＝W．ライプニッツ。東インド会社事務官にして政治家だったJ．S．ミル。

哲学者は哲学の研究だけをしていたというのは大きな誤解で、偉大な哲学者の多くは実社会で働く実務家でもあったのです。

大学での職業哲学者が広まったのは18世紀以降のことですが、ドイツ（プロイセン）の哲学者カントですら、若いころは家庭教師で生計を立てていました。ヴォルテールにいたっては、経済的独立のために投機を行っていたほどです。

一方で、現代では米国の伝説的な投資家B・ミラーが、2018年、ジョンズ・ホプキンス大学哲学科に7500万ドル（当時のレートで約80億円）を寄付したことが話題になりました。自身のビジネスにおける成功が、哲学専攻の大学院生として培われた「分析的訓練」と「心の習慣」のおかげであるというのが理由です。[14]

また、BOE（イングランド銀行）を負かした投資家という異名をもつG・ソロスは、科学哲学の大家K・ポパーに師事し、「再帰性の理論」を構築して巨万の富を得ました。彼は「オープン・ソサイエティ財団」をつくって慈善事業にも尽力していますが、その背景にはポパーの「開かれた社会」を体現する企図があります。また、自身が最も影響を受けた哲学書としてホワイトヘッドの文明論『観念の冒険』を挙げています。[15]

最先端の哲学の動向も、臨床哲学や概念工学、哲学プラクティスといった実践的な哲学の展開が目覚ましくなっています。近年はビジネスと哲学の融合を好意的に捉える哲学者も増えており、両者は相容れないという考えは過去のものになりつつあります。

哲学をビジネスの現場に適用できる目的や用途、フェーズとは

1 デザイン思考を補強する哲学シンキング

「哲学シンキング」が大手企業に取り入れられたり、メディアで反響を呼んだりするようになったきっかけは、それをデザイン思考と対比して位置づけたことにあります。

デザイン思考にはいくつかの流派があるものの、ＩＤＥＯ（米国のデザインコンサルティング会社）やスタンフォード大学で確立されたデザイン思考では、次頁の図のように５つのステップを踏んでいきます。

まず、プロダクトやサービスを利用するユーザーに寄り添うように「観察・共感」からスタートします。続いて、そこから得られたインサイト（洞察）やＰｏＶ＝Point of View（着眼点）をもとに、どんな問題があるかを定義する「問題定義」があります。そのうえで、その問題を解決するための「アイデア創造」があり、迅速かつ安価にプロダクトやサービスの「プロトタイプ（試作）」を行います。最後に、それについて「評価」します。この一

デザイン思考と哲学シンキング

デザイン思考初心者が陥りやすい罠

× ユーザーに聞いても表面的なことしか出てこない
× ステップを踏んでいるのに良質なインサイト・着眼点が出せない
× 問題定義やアイデアを出しても何を選べばいいかわからない

デザイン思考に哲学シンキングを掛け合わせると……

◎本質的な問いや何をしたいか／すべきかを見極められる
◎当たり前を疑い、思考のフレームを拡張できる
◎立ち返るべき理念や価値判断の基準を確立できる

連のフローを繰り返すことで、目指すべきプロダクトやサービスの開発・改良を行っていきます。

　私が起業した2017年には、すでに数多くの企業がデザイン思考を取り入れていました。しかし、同時に誤解も広まっていた時期でした。

　デザイン思考は、デザイナーが暗黙裡に行っている思考とプロセ

スを、デザイナーではない人、とりわけビジネスパーソンができるようにメソッド化されたものです。デザイン思考を学び始めた一部の企業人は、そのとおりステップを踏めば「イノベーション」を起こせるだろうと思いました。つまり、デザイナーが斬新な視点や発想のもとに問題を解決できるように、デザイン思考を習得すればイノベーションを起こせると期待したのです。

その結果、さまざまな企業にデザイン思考を習得した「デザインシンカー」が所属することになったのですが、実際のところ、デザイン思考とは早く安価に失敗し、その失敗をもとに改善・問題解決していく思考だったのです。

元来のデザイン思考はビジネスにおいて有益であるものの、日本企業に導入される際、それが誤解・形骸化されることでさまざまな問題が生じてきます。ステップ1は、ユーザーやその周辺環境に対する「観察・共感」に始まりますが、ここにはユーザーの思いを調査し、把握することを重視する姿勢があります。しかしながら、ただユーザーの声に耳を傾けるだけでは表面的な成果しか得られませんし、まだ見ぬ未来の課題やイノベーションの種をユーザーがもっているとも限りません。

また、ステップを形式的に踏むだけでは、もともとの思考の限界を超える良質なインサイトや着眼点は出てきません。その場合、ステップ2の問題定義は平凡なものにとどまり、ステップ3でアイデアを出そうとしても、思考のフレームをはみ出る革新的なアイデアは出てこないでしょう。

仮に、ステップ1の「観察・共感」からさまざまなインサイトや着眼点を得られた場合も、その解釈の仕方が複数あったとしたら、ステップ2でどのように問題を定義したらいいのかという問題もあります。ステップ3の「アイデア創造」では、ある問題定義に対していろいろな問題解決のアイデア候補を列挙したとしても、それらのうち何をどのように選べばいいのでしょうか。

適用場面

深いインサイトの発掘や価値基準の確立

こうした問題点に対する対処策は、ユーザーが何を求めているか深く知るための本質的な問いを立てること、そして企業側が「自分たちはどんなことに問題を見出し、何を実現したいのか」を明確化することです。

ユーザーへの「観察・共感」も重要ですが、どのように問題定義し、どんなアイデアを採用するかは企業側の価値基準次第です。ユーザーが何を欲しているかだけではなく、企業側の思いやビジョンが求められつつあります。

もしそうした基軸がなかったとしたら、たまたま選択された問題定義やアイデアが、プロジェクト全体や会社全体の方針と齟齬を起こすこともありえます。近視眼的にはある特定の問題を解決するように見えても、中長期的に利益よりも損失のほうが大きくなることもあるかもしれません。

こうした諸問題に対して哲学シンキングは、その解決策＝ソリューションとなりうる思考法です。

メソッドや導入例はのちほど解説するとして、ここでは用途を紹介すると、先の図のようにデザイン思考のプロセスに取り入れることで、上記の問題点を解決する手立てとなります。

「なんのために自分たちはこのプロジェクトを進めるのか」「このプロジェクトを通じて何を実現したいのか／したくないのか」「コンセプトやキーワードについてチームで同じ意味を共有できているか」「チームメンバーが本音を語り合い、結束力の高いチームビルディングを実現できているか」など哲学的に問うことで、思考のフレームを拡張したり、立ち返るべき理念や価値判断の基準を確立したりすることができます。

その基準は、アイデアや問題定義の選択基準、またはプロジェクト終盤での検証基準にもなります。

哲学的なレベルまで掘り下げて問い、目指すべき理念や本音を共有することでプロジェクトメンバー同士のチームビルディングが達成され、真にクリエイティブな土壌が耕されます。

2 「なぜ」を深掘りして基軸を確立する

デザイン思考のステップ1「観察・共感」に先立って哲学シンキングを取り入れると、チームで何をなすべきかが明確になると先述しましたが、組織のビジョン構築・共有や、商品開発・サービス設計・広告制作においても、なぜそれをやるのか、それをやることが自分たちにとってどういう意味があるのかを問う必要があります。そうした場面で、理由や意味を問い詰めて考える哲学シンキングは有用です。

ビジョンやコンセプトについて同じ言葉を使っていても、各々が理解していることが一致しているとは限りません。プロジェクトが進んでいくなかで、それぞれが実は違うことを考えていたことがわかったという経験がある方もいるのではないでしょうか。

こうした場面においては、「なぜを5回問いなさい」といったビジネスにおける教訓もあります。

しかし、「なぜ」を問うことはそれほど容易ではありません。「なぜ」という問いかけは、「○○だから△△である」と根拠や理由を問うこともあれば、「Aが起きてBが起きた」と原因を問うこともあります。また、「○○のために△△する」と目的を問うこともあります。「なぜ」という問いへの回答のパターンはたくさんあるので、**本来は「なぜ」を分解・細分化して問わなければいけません。**

それどころか、**「なぜに対する答えがそもそもない」ということもある**でしょう。「なぜ○○したのか」と他人から問われ、自分自身で思いを巡らせても明確な答えがないという経験は、誰しも一度や二度あるはずです。

「当人がなぜに対する回答を自覚しておらず、言語化できない」という場合もあれば、「(当人の自覚とは関係なく事柄として)そもそも問いに対する解がない」「本能的行動だったため、合理的な説明はできない」という場合など、いくつかのパターンがあるでしょう。そうした場合には、**「なぜ」という問いかけ自体が的外れであって、問い方を置き換える必要があります。**

こうした場面こそ、哲学シンキングの出番です。根拠や理由、因果、目的、意味、条件など、さまざまな視点から問いかけていくことで、「なぜ」を掘り下げていくことができます。

先述したような、本能的な行動などで合理的に説明できない場合には、「なぜ」という問いかけよりも、どういうとき・条件だったのかなど、別の角度から問いかけ、掘り下げていくほうが有効なときもあります。根拠や理由、因果といったトピックは、哲学のなかでも「形而上学」という分野にあてはまりますが、現実離れしたことの代名詞として使われる「形而上学」も、問いかけのプロになるために有益です。

適用場面　ビジョンやコンセプトの構築、アイデアワーク

一例を挙げると、ファッション関係の広告制作の仕事に参画したことがあります。その企画のキーワードになっていた「Human Nature」についてクリエイティブディレクターや映像作家、グラフィックデザイナー、制作会社のスタッフなど、異なる専門性をもつ人同士の対話を支援し、コンセプトの深掘り・言語化をしました。

コンセプトを深掘りする際には、キャッチコピーのアイデアワークも兼ねることがあります。「人間が服を着るとはどういうことか」という問いを掘り下げるなかで、逆に「服を着ないとはどういうことか」といった問いで揺さぶりをかけ、個人の視点や社会的視点、あるいは抽象的な概念から考察することで、コンセプトにマッチした新たな発想が生まれやすくなります。

このときに重要なのは、「自分たちが何をしたいか」という基軸を確立しておくことです。キャッチコピーのアイデアが無数に出ても、最終的にどれがいいかを選ぶ際には、何がよいのかを明確にしておく必要があります。マーケットが何を欲しているかを考えることはもちろん大事ですが、それに劣らず、自分たちは何を打ち出したいのか、どんな未来を描きたいのかを言語化することも重要です。

ポイントは、「自分たちは何をしたいか／なすべきか」という問いと、「**自分たちは何をしたくないか／なすべきではないか**」という否定的な問いが表裏一体である点です。後者を明確化することで、どれを選ぶべきか判断に迷うような複数のアイデアのうち、どれを選ぶべきではないかも明確化されていきます。つまり、To-Doの策定だけではなく、**Not-To-Doを策定する**ことでぶれない基軸が確立されます。

プロジェクトメンバーたちが本音で対話し、ぶれない基軸をつくることは創造的なチームビルディングにもつながります。お互いに気をつかって本音を言えなかったり、忖度し合ったりするようなプロジェクトや組織では、斬新な発想は生まれにくくなります。本音の隠蔽や忖度は思考にバイアスをかけ、フレームを制限するからです。

本音で対話をすることで、プロジェクトや組織のチームが創造的に協働する土壌ができあがります。

以上のことは、1で紹介したデザイン思考に対応させれば、ステップ1の前段階やステップ2の問題定義、ステップ3のアイデア創造で有効に機能しますが、デザイン思考に限らず、さまざまなビジネスの場面で活用することができます。

3 高解像度の本質理解のための哲学

作り手側の思いや基軸が重要だと先述しましたが、もちろんユーザーやマーケット側の理解も重要です。哲学思考の有益さは複雑な現実世界や人間の本性について、より高い解像度で理解できることにもあります。

各企業は市場のニーズを知るために、さまざまな手法を使ってマーケティングリサーチや価値観調査を行ってきました。ですが、従来の方法だけでは人々が何を求めているのか、なぜ商品Aは売れるのにBは売れないのかといったことの根本が、もはやわからなくなっています。

当社にもさまざまな独自データを見せて、こういった調査結果が出ているのだが、なぜそうなっているのかわからないという相談があります。生活者が本当のところ何を望んでいるのか、そもそも本心を語ってくれているのか確信がないということです。

実のところ、調査される当の生活者自身が何を欲しているのかわかっていないこともあるでしょう。

あるワークショップで参加者から、「カツ丼を買いにお店に行ったのに、いざ注文するとき牛丼を注文してしまった」といった類の発言がありました。ありふれた日常生活にもいろいろな問いが潜在しています。なぜ自分はカツ丼を買いたいと思ったのか。それなのになぜ牛丼に変更したのか。本当に自分はカツ丼より牛丼を食べたくて注文したのか。カロリーを抑えたいとか別の理由があって、消極的に牛丼を注文しただけではないのか。

これらの日常的な問いにも、哲学の問いが含まれています。AかBかという選択肢があったとき、なぜ一方を選ぶように決定しているのか。Aにしたほうがいいのに、抑制できずにBの行動をとってしまうとはどういうことか。

これらは欲求や自由意志、アクラシア（無抑制）に関わる哲学の問題であり、これまでの哲学の議論を参照することで、より解像度が高い本質的な理解や新しい着眼点を得ることができます。

適用場面

価値観・世代調査、マーケティングリサーチ

おそらく哲学研究者は、「そんな問題、哲学史上でも答えが出ていないのに、ビジネスに使えるのか」と疑念を抱くことでしょう。しかし、ビジネスの課題解決では必ずしも論証的な厳密さだけが求められるわけではありません。

例えば価値観・世代調査やマーケティングリサーチでは、ターゲットとなる属性の人たちがどんな隠れた思いをもっているかを引き出し、それを理解する解釈を提示できることが大きな成果となります。哲学は、担当者が理解に苦しむデータの解釈を提示することにも貢献できます。

実際、とある胃腸薬のマーケティングリサーチを実施したときのこと。販売側は、ユーザーは自身の症状を改善するための商品を選ぶであろうという想定のもと、科学的メカニズムに裏づけられた薬効をもとに商品を訴求します。このような設定をしたとき、調査主体は、ユーザーは科学的エビデンスに基づいた理由で商品を購入することを前提にしています。

しかし、哲学シンキングのワークショップを実施し、「腹痛とは何を意味するのか？」「自分の心が身体に影響を及ぼすのはなぜか？」「お腹が痛いときに気になるのは本当に身体的な症状なのか？　社会的な立場や状況ではないのか？」といった問いを考えていくうちに、科学的なエビデンスがあることは、商品選択の理由の一部にすぎないことがわかってきました。

それればかりか、「虫歯の痛みにも効く」という腹痛とは関係ない要素から「なんか殺菌効果があって腹痛に効きそう」といった意見が出てくるなど、非合理な要素が商品選択にかかわっていることも明らかになりました。

こうしたインサイトは、対話前、ユーザー本人も自覚しておらず、普段は問わない「そもそも腹痛とは何であるか？」といった問いを哲学的に探究していくことで初めて顕在化してくるものです。

哲学は理性の学である一方で、「何がそれを言わせているのか」という発言の背景の意味まで問い、根本的で非合理なインサイトを発掘します。

自分の都合のいいように思い込むことは認知バイアスがかかっていて疑似科学的ですが、人はいつも合理的に物事を判断しているとは限りません。今日では科学的なエビデンスやデータが重視されるものの、それだけでは見えてこないものに対して人文系のアプローチが有効です。

なお、このリサーチの分析・解釈の際、担当した当社のメンバーは、ドイツの哲学者J．ハーバマスの「**コミュニケーション的合理性**」の議論を参照しながらコンサルティングにあたりました。

腹痛に悩み、胃腸薬を求める人は、科学的合理性のもと、腹痛が取れるから薬を購入するとは限りません。むしろ、「親戚のおじさんが効くと言っていた」「どの学校の保健室にも常備されているイメージ」「絶対に効くお守りのようなもの」など、人々がコミュニケーションを通じて共有される相互理解や、社会的に形成されたイメージが商品購入の理由になっていたりします。

「コミュニケーション的合理性」の考えが、対話結果を詳細に分析したり解釈したりする際に、大いに役立つのです。

哲学の思考や専門知は、ビジネス上の問題を高い解像度で分析し、より適切な課題設定をしたり、得られたデータを解釈・理解したりすることを可能にします（哲学の専門知の活用については第4章で再び取り上げます）。

4 価値の追求と世界観の拡張

こうして、哲学シンキングや専門的な哲学コンサルティングがビジネスの課題解決にも使えることがわかり、実績を積み上げるなかで、起業当時に想定していた仕事もできるようになってきました。それは、善や美といった価値を追求したり、世界観を拡張したりする場面での活用です。

「環境によい商品を開発したい」「お客様に満足していただけるサービスを提供したい」「社員が気持ちよく働ける職場にしたい」といった思いをもって仕事をしていても、実際のビジネスの現場では、売上利益や効果効率性との兼ね合いで、その思いを実現するのが難しかったり、部分的に妥協したりしないといけないこともあるでしょう。

当社のクライアント企業でも、哲学シンキングでマーケティングリサーチをするなかで、「(あるカロリーの高い食品について)本当は食べちゃいけないと思っているけど、罪悪感をもちながら買っている」とか、「(ある胃腸薬について)自分の心の問題でもあるので、本当は薬に頼らないように努力したい」といった発言が出てきたことがあります。

販売側としてはたくさん買ってもらえるように商品を開発し、購買意欲を刺激するように宣伝していくことが売上利益につながるでしょう。しかし、生活者の思いに寄り添うならば、こうした発言を無視することは望ましくないはずです。

一方で、お客様が感じている罪悪感に配慮して、その事業ひいては企業の売上利益を落とせば、社員や株主といったステークホルダーが不利益を被るかもしれません。お客様の罪悪感を軽減しつつ、売上利益も伸ばすトレードオンの方法が見つかるのが最善です。

そうしたとき、その企業やプロジェクトチームが何をよしとするのか突き詰めなければなりません。1や2で述べたビジョンやコンセプトの基軸を確立する際には、「何がよいのか」という価値基準の確立も含みます。

当社が哲学コンサルティングを実施する際にも、深いインサイトを引き出すなど、ビジネスの成果を出しつつ、先述したような倫理的ジレンマを突きつけることがあります。

「このICTツールを導入すると、今より効率的に従業員の業務管理ができるが、監視するように行動を縛ることになるのではないか」といった問いに対して、もっと個々人の内的動機によってエンゲージメントを上げるツールにすべきかもしれない、という考えに至った経営者もいました。

倫理的ジレンマが生じるとき、自分たちは何を最善の選択とするかを問わなければなりません。そうしたとき哲学コンサルタントは、何をなすべきかを深掘りするための支援をするわけですが、専門家が一方的に倫理コンサルテーションを行うのでもなければ、「善や美といった価値を追求すべきだ」と教え説くのでもありません。

むしろビジネスの成果と両立させて「何がよいのか」を一緒に考えたり、あるいは売上利益だけに意識が向きがちな人たちの視野を広げ、価値を追求する思考ができる人材・組織開発をしたりします。

適用場面

パーパスやビジョンの策定、人材開発、経営者コーチング

「はじめに」でも紹介したように、近年、ユニリーバやジョンソン・エンド・ジョンソン、

ロレアルといった大手化粧品会社が「美白」という表現をやめるという発表をしました。「美白」という表現自体に人種差別的バイアスが働いているからです。

また、カミソリ・ひげ剃りメーカー大手のシックが「ムダ毛」といった表現を廃止することを宣言しました。記事によれば、毛に対する考え方が多様化するなか、「毛を『ムダなもの』と一方的に決めつけるのではなく、個人が毛と向き合う際に自由なスタイルを実現する」ことをサポートするためだといいます。[16]

従来は、「女性は体毛をケアするのは当たり前」「男性なのに体毛を気にしてシェービングするのはおかしい」といった固定観念がありましたが、その固定観念とのギャップに悩まされたり、違和感を抱いたりする人も少なくありません。社会通念が変化していくなかで、そもそも「ムダ毛」という表現を見直すと宣言したようです。

当社でも、コスメに関わる社会課題解決に向けたCOLOR Againというプロジェクトをサポートしています。多くのコスメが使い尽くされることなく大量に廃棄されていたり、生産過程で途上国の児童の労働が搾取されていたりするといった社会課題があります。

使用に関しても、一部の中学校や高校ではメイクが禁止されるのに、社会人女性はメイクすることがマナーとされ、男性はメイクするものではないという社会通念があります。

しかし、本当にそれは望ましいことなのでしょうか。これらには大量廃棄や人権、ジェンダーの問題など、さまざまな社会課題が潜在しています。

これらの事例は、人々や社会の当たり前に疑問を呈し、新たな価値基準を提示している例といえるでしょう。**多くの人が気づいていないだけで、偏見に覆い隠されていること、本当のところは「よい」わけではないことが、実社会にはたくさん潜んでいます。**

哲学思考は、既存の社会課題からまだ気づかれていない潜在的課題に至るまで、本当に価値あることの追求と新たな世界観の構築に寄与します。

例えば今日、ＥＳＧやＳＤＧｓといった言葉が盛んに使われますが、環境によいように見せかけるだけのグリーンウォッシュやエシカルウォッシュは論外として、単にＥＳＧやＳＤＧｓの項目に事業をあてはめるだけでは十分ではありません。

自社事業をＳＤＧｓの○番にあてはめるだけで思考がストップしてしまっている経営者や経営幹部候補者に対し、**「そもそも御社の考えるサステナビリティとはなんなのか」「逆に、非ＳＤＧｓとなっている側面は何なのか」「なぜ創業から１００年以上も存続できたのか」「次の１００年を見据えたとき未来にどんな責任を負うのか」**などと問いかけ、本質を突き詰めていきます。

深く掘り下げていくなかで、他社と差別化されるその企業独自の洞察や視点を見出していきます。ときには自分たちで深く追究し、善だと考えたことが、世間一般での善に反することもあるでしょう。

先述した「美白」や「ムダ毛」という表現の廃止は、現時点では共感できない人がいるかもしれませんが、新たなルールメイキングの一歩といえます。従来の価値観やモノ作りでは思いもよらなかった、商品・サービス・広告のイノベーションも次々可能となるかもしれません。本章の前半で触れたように、モノでもコトでもなく、ルールやフレームを刷新することがイノベーションに直結することも大いにあります。

世界観を拡張したり、新たな価値規範を提示したりしていくプロセスは、**善悪の彼岸に向けた創造的プロセスであり、創造性は善悪という相対的価値を超越する**ことがあります。

この点では、「自分（たち）は何をよしとするのか／何をすべきか」を考えることは、「○○の考えは独善的にすぎなかったのかもしれない」「ひょっとすると△△であってもよいのではないか」という「**May（might）**」**の領域**に開かれ、「正しい」や「すべき」という価値規範を突き破っていく運動でもあります。

マジョリティの価値観に反しても、自社が端的に善い（あるいは美しい）と考えることを提示し貫くことで、かえって次世代の価値基準となることもあるでしょう。既存のルールのなかで判定される善悪を超えてルールメイキングし、新たな価値基準を確立していくことが国際社会でも求められつつあります。

私見では、米国は自由を、欧州は人権や責任を理念として重視していると思われますが、日本企業は何を大切にしたいのか。自社自らがさらなるイノベーションを起こすために新しい課題を発見・設定すること、独自の価値観・世界観を提示することが重要なのです。

コラム 日本の政策や経団連でも「倫理哲学」の必要性が説かれ始めた

本書では、主に民間企業向けの哲学活用について紹介していますが、近年は日本の政策や経団連でも哲学や倫理学の必要性が説かれ始めています。

2021年4月1日に施行された「科学技術・イノベーション基本法」では、科学技術・イノベーション創出の振興にあたって、「自然科学と人文科学との相互の関わり合いが科学技術の進歩及びイノベーションの創出にとって重要である」（第3条2項）と記載され、両者の調和のとれた発展に向けて予算も拡充され始めています。

経団連もまた、「Society 5.0により生まれる新たな科学技術を社会実装するうえで、経済、経営、法律、倫理哲学などの人文社会科学系の知識や専門性が必要であることは論を俟《ま》たない」と提言しており、「倫理哲学」の必要性を説くようになっています（「今後のわが国の大学改革のあり方に関する提言」2018年6月19日）。

これらは科学技術が加速度的に進展する一方で、人間や社会にもたらすさまざまな影響を予見し、よりよいかたちで研究開発・社会実装が進むことを目指して提言・施行されたものです。

ポイントは、「イノベーション」という言葉が織り込まれている点です。近年、「倫理的・法制度的・社会的課題」を意味するＥＬＳＩ（Ethical, Legal and Social Implications/Issues）という言葉が行政や産業界で使われ始めているように、イノベーションに取り組む企業活動においても、哲学や倫理学を含む知見が必要不可欠になりつつあります。

当社でも、国立研究開発法人科学技術振興機構（ＪＳＴ）の社会技術研究開発センターが主導する産官学連携プログラムを支援する仕事を2020年から2022年にかけて担ってきました。また、ＥＬＳＩも視野に入れた哲学・倫理学の企業研修・人材開発を実施したりしています。民間企業でもデータ利活用に際したＥＬＳＩに対応する企業が増えています。科学技術の研究開発・社会実装やイノベーションに際した、哲学や倫理学との協働は、今後ますます広がっていくことでしょう。

哲学活用のアウトプットと多様な広がり

以上のように、私自身が哲学思考を実践して仕事にしてきたビジネスシーンを紹介してきました。これまでに行ってきた人材・組織開発、商品・サービス・広告のコンセプトメイキングやアイデアワーク、世代調査やマーケティングリサーチ、いずれの場合も次頁の図のようなプロセスで行う点は共通しています。

そのあとのプロセスは、プロジェクトの目的や課題によって異なってきます。コンセプトメイキングであれば、対話した内容をもとにコンセプトテキストを制作したり、クリエイティブチームと連携してそれを具現化したりします。

マーケティングリサーチであれば、対話内容の分析レポートを作成するとともに、哲学の専門知を使ってコンサルティングを実施したり、思考実験をして仮説検証を行ったりもします。ときにはその結果について潜在する倫理的な問題を投げかけ、「○○かもしれないのでは？」「どうすべきか／すべきではないのか？」を一緒に考えたりもします。

「今日において、哲学はどれほど現実世界を変革する力をもっているのだろうか」という

著者が提唱する哲学コンサルティング・フロー

ヒアリングを通した課題の問い直し

⇓

哲学コンサルタントのコーディネート、サーベイ

⇓

関連テーマの哲学レクチャーや哲学シンキング

⇓

対話結果の分析、解決策の提案・実行

・コンセプトテキストへの言語化やクリエイティブによる可視化
・分析レポートの作成や思考実験による仮説検証
・組織やチームにおける対話文化の醸成や仕組み化 ... etc.

問いとともに起業したことは本章の冒頭で述べましたが、これまでにさまざまな哲学の実践的有効性を実証できました。

近年は、ビジネスの実務や課題と接合するかたちで「未来への責任」や「研究開発の使命」「よく生きる」といったテーマについてビジネスパーソン向けに研修したり、大手企業で哲学アドバイザーを務めたりもしています。BtoCでも、2021年10月からは一般の

方向けに「実践型哲学スクール」を開講し、延べ200名ほどが受講しました。もはや哲学とビジネスの間に垣根はなく、私自身、大学や学会での活動と会社での活動に境界線はなくなっています。

「これからのビジネスに哲学が必要／役立つ」の真意とは

一見すると、本章で紹介してきた哲学の適用例には共通性がないように思えた人もいらっしゃるかもしれません。しかし、課題やビジョンを掘り下げることも、価値を追求したり世界観を拡張したりすることも、**人間や世界を深く理解すること**を根底に据えています。プロジェクトが何を実現したいのか、答え方が一通りではない社会課題にどのように向き合うのか、自社の存在意義（パーパス）がなんなのかを提示するには、戦略以前に「哲学する」という営為が必要になります。

突き詰めて考えた末に獲得される哲学は、先述した三つの区別では、❶の意味での哲学に近いといえるかもしれません。「企業の哲学」とか「経営者の哲学」というときの哲学は、人生訓、格言、信条のようにぶれない基軸として機能するからです。

ただし、誰かの言った格言や信条を鵜呑みにして満足するのではなく、❷の意味での哲学、つまり「なぜなのか」「どういう意味か」などを問い、アップデートしていくことが重要です。哲学者ホワイトヘッドは、「私たちは信じるがゆえに哲学する（philosophize）」という一方で、「哲学とは信念の批判である」といいます。[17]

❶の意味での哲学も、吟味するプロセスを経るからこそ腹落ちした哲学になりえます。「なぜ」を考え抜くと合理的な議論を突き抜けた課題を発見できたり、もはやそれ以上、「なぜ」と問えない発想に行きついたりすることがあります。

逆説的ですが、**なぜ合理的に「なぜ」を問うのかといえば、合理性の先にある非合理なもの、既存のフレームを超越した異他的なものに出会うため**だと私は答えたいと思います。それらは他者との対話で出会うこともあれば、〈一人の私〉に潜在する〈多なる私〉の発見を通じて出会うこともあるでしょう。

これらの点は次章以降で扱っていきますが、生活者も社会も意味や価値を求め、「自分たちの事業の本質はなんなのか？」「社会における自社の存在意義は何か？」を打ち出さなければいけなくなっているなか、唯一の答えがない問いに向き合う態度、意味や価値の哲学的追究が競争力／共創力において優位に働きます。

これからのビジネスは本質を見定める力や、答えが一つではない問題に対してビジョンの提示と意思決定が求められます。問いを深め、本質を突き詰める哲学思考がますます必要不可欠になってきているといえるでしょう。

第2章

本質を問い、世界観を拡張する哲学シンキング

「哲学すること」と「考えること」

前章では、哲学思考を適用できる目的や用途についてご紹介しましたが、どうやって身につけたらいいのか、と思っている方もいらっしゃるのではないでしょうか。

確かに哲学は特定の一つの方法に限定されるわけではありません。ですが、専門分野を越えて哲学の研究者たちに特有の考え方のようなものはあると感じますし、少なくとも私自身が哲学の研究や論文執筆のときによく行っている手順があります。

デザイナーの暗黙知を非デザイナーも真似できるようにしたのがデザイン思考だとすれば、哲学シンキングは哲学者の思考の基礎を非哲学者も真似できるようにした思考術です。それは、個人でも複数人のワークショップ形式でも実践できます。

本章では、哲学シンキングのメソッドを誰でも試すことができるように解説します。

これまでにも数多くのビジネスパーソンが「哲学シンカー養成講座」を受講されました。すでに複数の大手企業でも導入されており、近年は企業側から個別に講座を依頼され、哲学的な思考力を鍛える数百名規模のオンライン研修や、お抱えの「インハウス・フィロソフィーシンカー」を養成する研修も行っています。自社内で哲学シンカーを育て上げれば、各社員や各部署が自律的に考える文化を築くことができます。

実際、哲学シンキングの研修を企業で実施すると、「**普段とは違う脳の部分を使っている気がした**」とか、「**すごく頭が疲れたけど、普段いかに自分が考えていないかがわかった**」という感想をよくいただきます。

仕事でも日常生活でも、あるいは学校でも、「よく考えなさい」といわれる一方で、実はどのように考えたらいいかを教わった経験は少ないのではないでしょうか。日本の学校教育では、あらかじめ答えが決まっている問題に対して一問一答の解答をする形式がほとんどで、多くの人は唯一の答えがない問題に対して、自分で論を展開することに慣れていません。

ビジネスの現場でも、問題解決のフレームワークを習うことはあっても、自ら主体的に考える訓練が行われることはほとんどないはずです。

一方、「哲学する」とは「考えること」そのものといっても過言ではありません。

カントは「人は哲学を学ぶことはできない、（中略）ただ哲学することを学ぶことができるだけだ」と言いました。**単なる知識としての「哲学」ではなく、「哲学する」ことを学ぶことで、人はより深く自発的に考えることができる**ようになります。

日本のビジネスにおける哲学的な対話を取り入れる伝統

これまでも日本企業で、「なぜ？」「どういう意味？」といった考えを掘り下げる思考や態度が取り入れられてこなかったわけではありません。

例えば、集団的な議論を重ねて物事の本質に深く迫るホンダの「ワイガヤ」は、その一つです。ホンダの創業者である本田宗一郎は、「哲学なき行動（技術）は凶器であり、行動（技術）なき理念は無価値である」と説いていたことが知られています。

これはカントの言葉、「内容なき思惟は空虚であり、概念なき直観は盲目である」をもじったのでしょうが、ホンダでは創業者の理念を受け継ぎ、すべての根源に「ホンダらしい哲学」が求められているそうです。

実際、エアバッグ技術のプロジェクトリーダーを務めた小林三郎氏は、「なぜエアバッグをやるのか」「どういう考え方で何を目標に開発をやるのか」という本質的な哲学をさんざん問われたと言います。[18]

同社には、学歴や役職を越えた自由度の高さや、他社との比較ではない絶対価値の追求、一人ひとりに自ら考えさせる自律の文化といった企業文化があります。

なかでも「ワイガヤ」は三日三晩の合宿で数名から十数名で、「ホンダはなんのためにあるのか」「自動車会社は社会にどんな貢献ができるか」といった問いから、「愛とは何か」といった哲学的な問いまで、さまざまなテーマで議論する企業文化で知られています。「コストと品質のバランスをどこでとるか」といった通常の会議の検討ではなく、二つとも両立させるような新しい価値やコンセプトを作り出すことを目指し、本質的な価値にまで立ち返って議論するとされています。[19]

また最近では、ESG経営を推し進める花王の澤田道隆会長が「Sawada Salon」を主催し、「幸せとは何か」などについて議論する取り組みを2021年から開始したそうです。[20]

メンバーの潜在力（ポテンシャル）を高めるには、特に「気づき」を得ることが重要であり、それは相互のコミュニケーションから起きると考えているという理由があるそうです。

こうした事例は、人々や社会にとって何がよいことなのかを突き詰めて考えるという意味で、哲学的な対話のアプローチに通じています。本音での対話を通じて、プロジェクトメンバーのエンゲージメントを高めることにも一役買いますし、そこから斬新なアイデアが生まれやすくなるでしょう。

前章で欧米における事例を紹介しましたが、**私が提唱している日本型哲学実装モデルは、専門家や最高倫理責任者が教え示すかたちではなく、組織として哲学的な対話文化、哲学シンカー、仕組みを整備するモデル**です。

とはいえ、「愛とは何か」「幸せとは何か」について自由に対話するといっても、多くの企業では容易ではないでしょう。単にお互いの意見交換で終わってしまい、共通理解が得られないまま雑談に終わってしまう可能性もあります。場合によっては、忖度して本音を語らないことも起こりえます。

京セラ創業者の稲盛和夫は、お酒を酌み交わし、心をさらけだす「コンパ」の必要性を説き、企業経営を成功に導きましたが、昨今は「飲みニケーション」を不要と考える人が増えていたり、コンプライアンスやハラスメントへの配慮から、宴席であっても腹を割って話せなかったりする人もいることでしょう。[21]

この点で、哲学シンキングは哲学的な問いを深めていくためのステップと場を提供します。メソッドを習得した哲学シンカーは、対話を深めるファシリテーターとして参与することによって、より短時間で、より深く対話を進行できる存在です。

さまざまな「○○思考」と哲学シンキング

哲学シンキングのメソッド解説に入る前に、いくつかの「○○思考」との違いについて触れておきましょう。

近年、「○○思考（○○シンキング）」、あるいはそれに類する思考術がたくさん世に出ています。「論理的思考（ロジカルシンキング）」や「批判的思考（クリティカルシンキング）」といったベーシックな思考に始まり、本書でも言及してきた「デザイン思考」、最近ではアーティストの思考やアートを鑑賞する際の思考をビジネスに取り入れようとする「アート思考」などがあります。

○○思考と哲学シンキング

	従来のビジネス思考	デザイン思考	アート思考	哲学シンキング
特徴	欠点なく合理的に正解に辿りつこうとする思考	ユーザーに寄り添い、ニーズに応えたり改善したりする思考	個々人に潜在する主観的な価値観をもとに気づきを得る思考	当たり前を疑い、言葉を通じて物事の本質を探究する思考
重視するもの	効果効率	ユーザーへの共感	個人の主観や五感	問いや本質の理解
ロールモデル	ビジネスパーソン	デザイナー	アーティスト	哲学者

論理や批判ではイノベーションは起こせないということが自覚されつつあるなかで、多様な視点や解釈を織り交ぜながら、感性を通じて物事を捉えることが重要だという気運が高まっているといえるでしょう。

そこには既存の問題を解く思考ではなく、意味や価値、文脈（コンテキスト）、ストーリーを想像的に解釈したり構成したりする力としての「**センスメイキング」が必要になっている**背景があります。

哲学シンキングは、論理や批判を重視するという点ではロジカルシンキングやクリティカルシンキングを含んでいます。このあと詳述していきますが、理由や根拠を問い、別の視点から考えていくことは、哲学思考の一部です。
しかし、間違いがないように合理的に考えていくだけではありません。**矛盾や意見対立を契機に前提を遡り、より本質的な課題や理解に遡求していく点では、むしろそれまでの論証を覆すような「非合理性」も重視します。**

デザイン思考との関係については前章で解説しましたが、哲学シンキングはより課題発見・課題設定に力点を置き、どのような意味や価値があるかを深掘りしていきます。自分自身、あるいはチームが自覚していない前提や偏見を疑って覆し、見えていなかった課題の本質を浮き彫りにしたり、新たな意味の脈絡を形成したりします。

この点では、アート思考やレゴ®シリアスプレイ®に親和性があります。詳細は他書に譲りますが、私たちは顕在的な意識のもとでは、なかなか心の奥に隠れた本音やビジョンを言葉にできません。そんななか、アート思考はアートを媒介として自分自身の内面を表現して表出させます。レゴ®シリアスプレイ®はレゴ®ブロックを用いて手を動かし作品をつくり、各作品から生まれるストーリーや各自の内観を共有していきます。

ただし、アート思考やレゴ®シリアスプレイ®がより感性を重視するのに対して、**哲学シンキングは「言葉」を重視します。**

例えば、商品開発・サービス設計であれ、組織開発であれ、関与者が同じ言葉を使っていても、実際にはその意味することが異なっていることがあります。

先述した「愛」や「幸せ」に限らず、普段の会議でもなんとなく理解したつもりになっているだけで通り過ぎていく言葉がないでしょうか。

組織やプロジェクトチームで共通のビジョンやコンセプトをもつことができたり、普段は問わないような深い部分まで考えを共有したりすることで、強いチームビルディングが達成されます。よりよい組織やプロジェクトチームはもちろんのこと、よりよい商品・サービス・広告などをつくっていくうえでも、理念や概念を深く掘り下げて理解していく必要があります。

では、どうやって気づいていない前提や偏見を覆したり、より深い課題を発掘したり、斬新な意味や価値を見出していけるのか。手順を追って解説していきます。

哲学シンキングのためのマインドセット

哲学シンキングの実践にあたっては、ステップに入る以前に**三つの哲学的なマインドセットをもつこと**が重要です。どういった心構えで臨むのがよいかを確認しましょう。

1 反省的（リフレクシブ）

一つ目は、「反省的」であることを心がけましょう。単に意見や主張を吐露するだけでは自身の思いや信条を述べているにすぎず、思考が深まりません。哲学シンキングのワークショップを実施しても、たくさん発言しているけれど、ただ自分の思いの丈を語っているだけだったり、それまでに培ってきた自身の問題解決方法を披露しているだけだったり……ということがあります。

しかし、実はその時間、その人は自分の既存のフレームをあてはめているだけで、考えているとは言い難いことが多々あります（そうした人もプライベートな時間で深く考えているのかもしれませんが）。ですが、哲学シンキングにおいてはむしろ、**「そういえばどうしてだっけ？」と虚心坦懐に遡って問う姿勢**が大切です。

2 批判的（クリティカル）

二つ目は「批判的」であることが必要です。職場でも日常生活でも、「人を批判することはよくない」という風潮が日本では見られます。しかし、批判と非難・誹謗中傷とは区別されます。

このあと見るように、「〇〇という意見が出たけど、反対の視点で考えたらどうだろうか」とか、「もし△△だったら〇〇という意見はあてはまるだろうか」と考えることは批判的思考であって、必ずしも「〇〇という意見」を出した人を否定しているわけではありません。

もっとも、（これは哲学者たちによくあることですが）ある意見に対して批判的な意見を言うことで、批判された人を傷つけることもあるかもしれません。ですから、複数人で対話するときにはその言葉が相手を傷つけないか配慮したり、主催者やファシリテーターが「探求のために異なる意見を出しあう場である」というルールを述べたり、**知的にも心理的にも**

安全な場を築くことが大切です。

この「批判的」というマインドセットは、他者だけではなく自分自身にも向けられます。**哲学シンキングの最中は、できるだけ自分のポジションを固定しない**ように心がけましょう。「自分はこう思っているが、本当のところはどうなのだろうか？　もし〇〇だったらどうだろうか？」と自己批判的に考えるとともに、「こうでなくてはいけない」「こうであるべき」という立場の確定はせず、価値判断の一つとして考えるようにしましょう。

それでも、「やはり自分にとって〇〇という考えは曲げられない」と思うことがあったとしたら、その場合はさまざまな角度から問うように心がけましょう（そのやり方は後述します）。1の「反省的」も、批判を自分自身に向けることを前提に成立しえます。

3 好奇心、冒険心（クリエイティブ）

三つ目は、「好奇心」「冒険心」をもち、クリエイティブであることが大切です。**既知の枠組みの外に出て未知の視点を探求する姿勢**をもちましょう。創造性には反省的・批判的思考を通じて他者の意見に耳を傾けたり、自身の思考を解体したりすることが必要です。**新しい発想は異質なものを取り入れたり、解体された要素を以前とは異なる仕方で再結合**

したりすることで得られるからです。

哲学シンキングは、これらの点において哲学的な思考一般より特殊性があります。哲学者の思考を、リフレーミングによってイノベーティブな発想を手に入れるものへ改良した独特の思考術だからです（その理論的根拠は第4章でご説明します）。

哲学シンキングのステップ

では、ここからは哲学シンキングのステップを紹介していきます。ポイントを絞って簡略化して解説していきますが、基本さえ押さえれば複雑な課題にも同様に対応できるようになります。

哲学シンキングは大きく分けて、次の4つのステップからなります。

ステップ1　問いを立てる
ステップ2　問いを整理する

ステップ3　議論を組み立て、視点を変える
ステップ4　核心的・革新的な問いや本質を発見する

これは個人で実施する場合も、複数人の対話形式で実施する場合も共通です。組織や事業の課題発見およびその解決のために実施するときは、主に複数人のワークショップ形式で行いますが、自ら問い考える力やマネジメント力を高める研修として実施するときには、参加者の個人ワークとして行うこともあります。オンラインで実施する場合は、数百人規模での研修も可能です。

習得した哲学シンキングは、1対1の営業やコーチングでも生かせますし、自身の思考の整理でも使えます。私自身、どちらにすべきか判断に迷うようなジレンマが生じたとき、哲学シンキングで課題の論点を整理して決断しています。

理論的解説や細かいテクニックはのちほど紹介するとして、百聞は一見に如かず。実際に一緒に実践していきましょう。最初に個人で実施する場合を紹介したあと、複数人のワークショップ形式で実施するパターンとケーススタディを紹介します。

個人で実践するときの課題は、仕事の課題でも個人の悩みでもかまいません。

まずはテーマを決めましょう。ここでは過去にクライアントワークで行った実例を背景に、「働きがい」を例にしてみます。個人が自身の働きがいを内省する場合はもちろんのこと、組織やプロジェクトチームにおいて、メンバーのエンゲージメントを向上させるようなビジネスの課題にも関わるテーマです。

哲学シンキングは頭の中だけでも実践できますが、補助手段として「**哲レコ（哲学レコーディング）**」というメモをしていきます。そのため、紙を数枚と複数色のペンを準備してください（iPadなどで代用してもかまいません）。

読者のみなさんも考えながら読み進めていただきたいですし、これを参考にご自身の課題をテーマにしていただくのもよいでしょう。

ステップ1　問いを立てる

テーマに関して答えや意見ではなく、「問い」を挙げることからスタートします。次頁の図のように、問いのパターンには「なぜ○○なのか？」や「そもそも○○とは何か？」など、さまざまあります。

「働きがい」をテーマとしたとき、どんな問いが思い浮かぶでしょうか。

問いの基本パターン

理由や根拠を問う

「なぜ○○なのか？」

「本当に○○なのか？」

本質や前提を問う

「そもそも○○とは何か？」

「何が前提や条件になっているのか？」

別の視点や可能性を問う

「もし○○だったらどうなるか？」

「他にどういう可能性があるか？」

具体例や反例を問う

「例えば？　具体例を挙げると？」

「すべてに言えるか？　例外や反例はないか？」

違いや共通点を問う

「○○と△△の違いは？」

「○○と△△に共通していることは？」

論証の正しさを問う

「その推論には飛躍がないか？」

「○○と矛盾しないか？」

ステップ1　問いを立てる

「働きがい」に関して「問い」を挙げてみましょう。

1. 働きがいとは何か？
2. どんなとき㋩を感じるか？
3. ㋩の反対は何か？
4. なぜ㋩は持続したりしなかったりするのか？
5. チームでの㋩と個人での㋩の違いは？

㋩：働きがい

例えば、「1．働きがいとは何か？」「2．どんなとき働きがいを感じるか？」「3．働きがいの反対は何か？」「4．なぜ働きがいは持続したりしなかったりするのか？」「5．チームでの働きがいと個人での働きがいの違いは？」など、思い浮かんだものを挙げていきます。普段から疑問に思っていることでも、突拍子もない問いでもかまいません。

用意した紙に番号を振って、箇条書きにしていきましょう。画数の多い言葉や長すぎる言葉は、㋩＝働きがいなど略語を使うといいでしょう。

読者自身が設定したテーマ（課題）も同様に紙に書き出してみてください。

ステップ2　問いを整理する

たくさんの問いが出たでしょうか。いろいろな問いが出ると、どこから考えていいのか困惑してしまうでしょう。ステップ2では、似ている問いをグループ化して「○○をめぐる問い」として整理してみます。○○に入るカテゴリーとしては、例えば次頁のようなものがあります。

図で挙げた問いを整理すると、「働きがいとは何か?」と「働きがいの反対は何か?」は、「働きがい」の「定義」をめぐる問いとして整理できそうです。「なぜ働きがいは持続したりしなかったりするのか?」「チームでの働きがいと個人での働きがいの違いは?」は、「働きがい」の「種類」をめぐる問いとして整理してみます。残った「どんなとき働きがいを感じるか?」は「働きがい」の「条件」をめぐる問いといえるかもしれません。

ここでのポイントは、**整理の仕方は一通りではない**という点です。もしかすると読者のなかには、「チームでの働きがいと個人での働きがいの違いは?」を「働きがい」の「条件」をめぐる問いとして整理した人もいるかもしれません。その他にも別の整理の仕方があるでしょう。ステップ2ではそれでかまいません。

問いのグループ化のヒント

●「○○なのはなぜなのか？」
●「本当に○○は△△なのか？」
➡例）**「理由」「根拠」**をめぐる問い

●「○○とは何か？」
●「○○って、どういう意味？」
●「○○と△△の違いは何か？」
●「○○を英語（日本語）にすると何か？」
●「○○の反対語は何か？」
➡例）**「定義」「意味」**をめぐる問い

●「○○は良い／悪いことなのか？」
●「○○のメリット／デメリットは何か？」
●「○○は何によって評価されるのか？」
➡例）**「価値」「基準」**をめぐる問い

●「○○が△△になる条件は何か？」
●「○○は△△なしに成立するのか？」
●「○○に△△は必要なのか？」
➡例）**「条件」「必要性」**をめぐる問い

●「いつ、○○するのか？」
●「○○はどんなときか？」
●「v はどこか？」
➡例）**「時」「タイミング」「場所」**をめぐる問い

●「○○はどれくらいか？」
➡例）**「程度」「頻度」**をめぐる問い

●「誰が○○するのか？」
●「○○は何に対してか？」
●「○○にはどんな種類があるか？」
➡例）**「主体」「対象」「種類」**をめぐる問い

●「何によって○○か？」
●「どのように○○は△△になるのか？」
➡例）**「手段」「過程」**をめぐる問い

分類しにくい奇抜な問い
●「無人島（宇宙）でも○○は成立するか？」
●「赤ちゃん／動物にも○○はあるか？」
●「○○を音（色、感情）で表現すると何か？」

ステップ2　問いを整理する

似ている問いをグループ化して、何をめぐる問いか整理してみましょう。

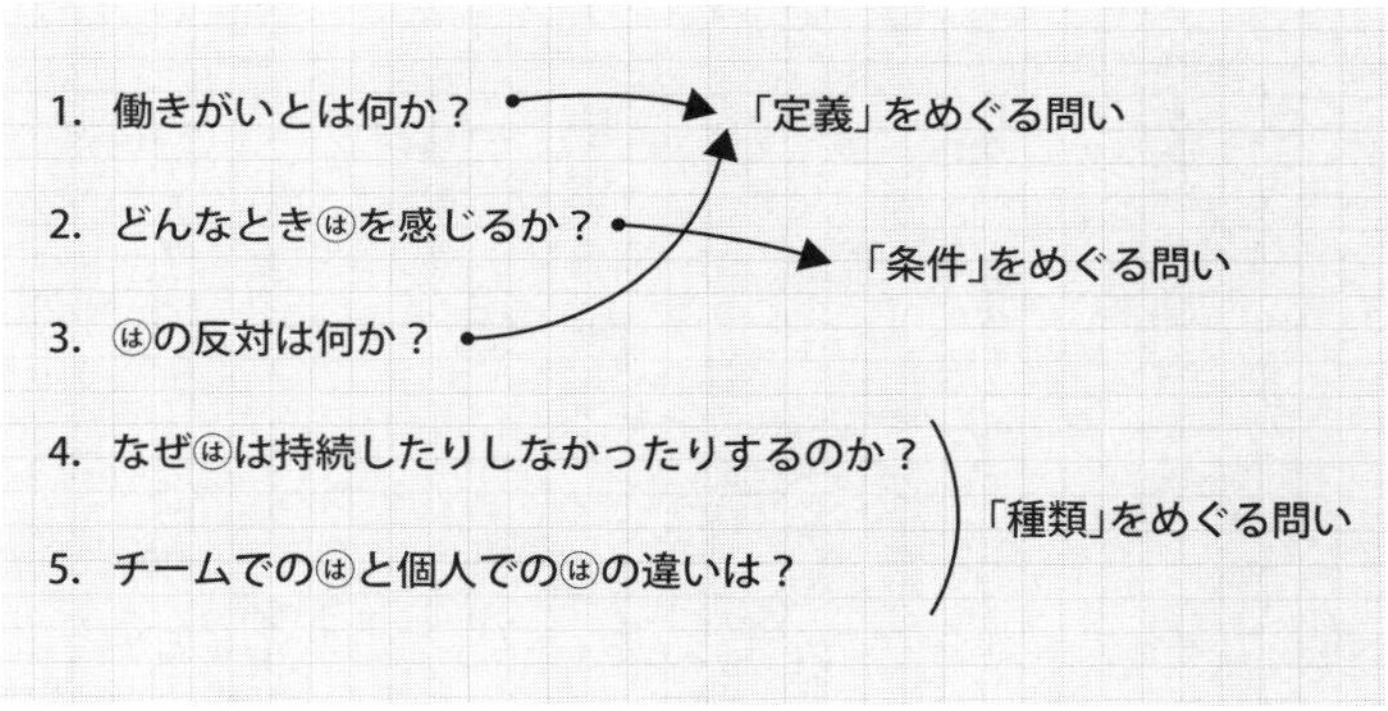
1. 働きがいとは何か？
「定義」をめぐる問い
2. どんなとき(は)を感じるか？
「条件」をめぐる問い
3. (は)の反対は何か？
4. なぜ(は)は持続したりしなかったりするのか？
「種類」をめぐる問い
5. チームでの(は)と個人での(は)の違いは？

※各問いは複数のグループで重複しないように整理。
一つの問いは一つのグループに属すのが原則。

なんのために問いをグループ化しているかというと、一つには、その問いが何を意味しているか振り返るためです。**ある人が問いを発したとき、その問いにはその人自身にとってなんらかの重要性があるはずです。他の人は疑問に思わなくても、当人にとってその問いは一大事であったり、潜在的に気になっていたりするかもしれないのです。**

とはいえ、短文で問いを出しても、その問いが何を問うているのか明確であるとは限らないでしょう。いったん立ち止まって、何をめぐる問いかを明確化します。

もう一つ、とても大事な理由がありま

す。詳しくは後述しますが、ステップ3〜4から遡ってみるとき、ステップ2は異なる視点となる柱を複数つくっています。一つのテーマについて、ステップ3で複数の視点から考えるためにグループ化しているのです。これは視点や境界が未分化であいまいなものを、一定のまとまりがある複数のものに分化・差異化する作業です（哲学的な理論的根拠は第4章で紹介します）。

ステップ3A　議論を組み立てる

ステップ3では、ここまでに出した問いを展開・深化させていきます。「働きがい」を例題に基礎的な6つの手法を紹介していきますが、どれを使うかに順番はありません。本来はこれらを複数回使う複雑な議論構造になりますが、本書ではわかりやすくシンプルなかたちで解説していきます。

また、一つのテーマを複数の視点から考えるため、ここでは「条件」をめぐる問いのグループを3Aとし、「種類」をめぐる問いのグループを3Bと分けて考えてみます。

■掘り下げて問う

■別の視点に振ってみる
■共通点や違いを問う
■問いや意見を極端にしてみる
■具体例・反例を挙げる
■異なる意見や論点を関係づける

ステップ3A－1　掘り下げて問う

哲学的に思考するというと、「なぜ？」「○○とはどういう意味か？」といったことをイメージする人も多いでしょう。これらは、理由や根拠、意味などを掘り下げる問いのパターンです。

例えば、働きがいの「条件」をめぐる問い、「どんなとき働きがいを感じるか？」に対して、「目標の課題解決に向けて努力しているとき」という意見をもったとします。その意見に「なぜそういえるのか？」「それは何を意味しているのか？」を問います。その結果、「課題を解決できれば、それを達成したいという自分の思いが満たされるから」という理由を挙げることができるかもしれません。

哲レコでは、次頁の図のようないくつかの記号を使いながら、問いや議論を展開していきます。会議やワークショップの内容を視覚的に記録するグラフィックレコーディング（グラレコ）がさまざまな場所で使われていますが、議論を深く掘り下げていくとは限りません。一方、哲レコは議論を掘り下げることを主眼としたものです。

■「掘り下げて問う」は、一方向の矢印↓を使う
■「別の視点に振ってみる」「反例を挙げる」は、矢印↔を使う
■「具体例を挙げる」は、「e.g.（「例えば」の省略記号）」を使う
■「いくつかの場合分け」は、「1.○○ 2.○○ 3.○○」のように数字を振る
■「ゆえに」は、∴という記号を使う
■「なぜなら」は、∵という記号を使う
■重要な視点や問いの発見があった場合は、★印をつけるか別の色に変える
■単に意見や主張が続くだけの場合は、線を引く

これらいくつかの記号を使いながら、議論を深化させていくわけですが、自分自身がわ

哲レコの基本パーツ

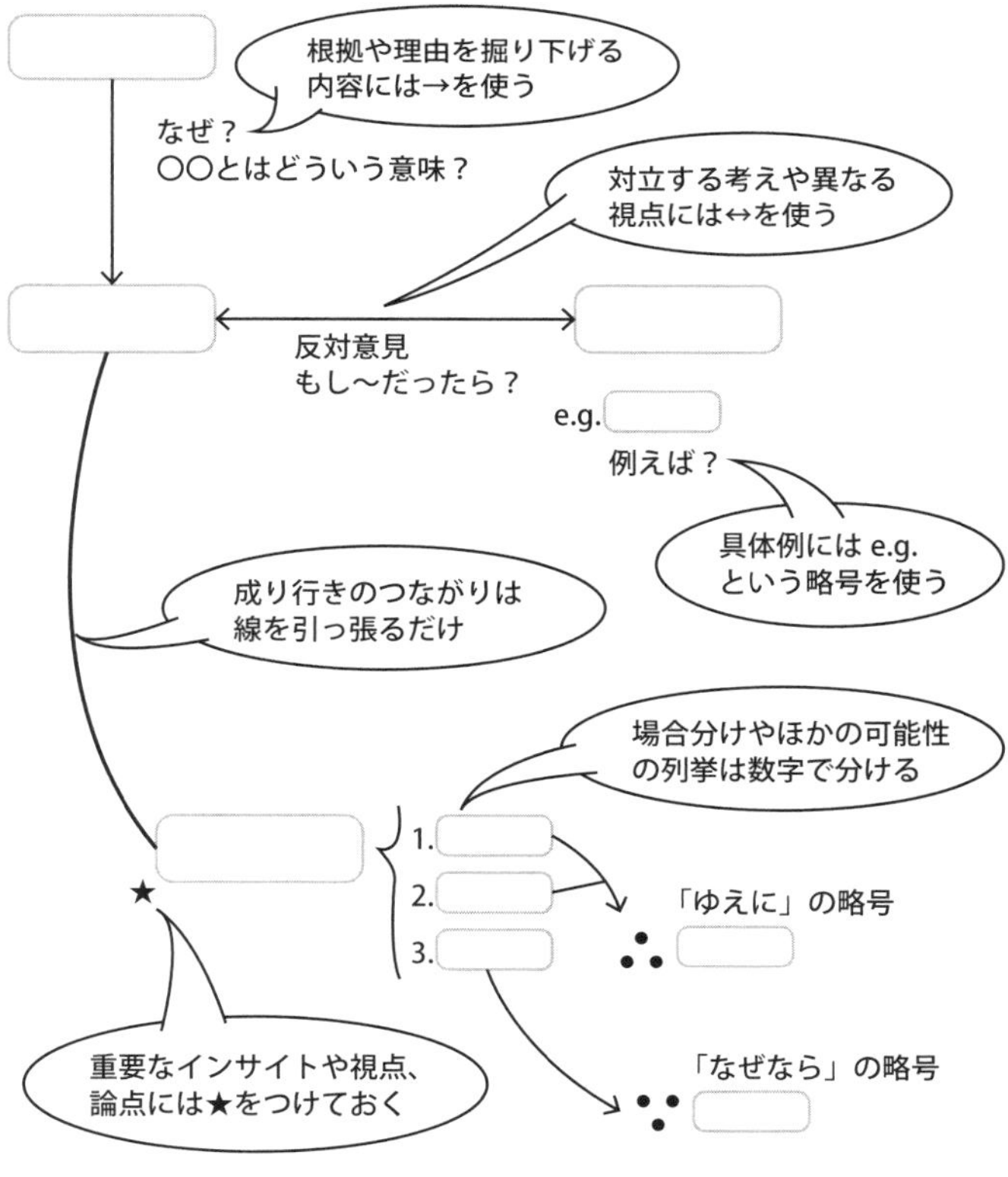
根拠や理由を掘り下げる
内容には→を使う
なぜ？
〇〇とはどういう意味？
対立する考えや異なる
視点には↔を使う
反対意見
もし〜だったら？
e.g.
例えば？
具体例には e.g.
という略号を使う
成り行きのつながりは
線を引っ張るだけ
場合分けやほかの可能性
の列挙は数字で分ける
1.
2.
3.
「ゆえに」の略号
「なぜなら」の略号
★
重要なインサイトや視点、
論点には★をつけておく

とにかく自分がわかればOK！

ステップ3A-1　掘り下げて問う

問いや意見について、理由や根拠、意味を問うてみましょう。

働きがいの「条件」をめぐる問い

2. どんなとき㊤を感じるか？

目標の課題解決に向けて努力しているとき

なぜそうなのか？

達成したいという自分の思いが満たされるから

かればよいので、自分で考えた記号を付け加えてもかまいません。

「働きがい」の例であれば、上図のように哲レコを行っていきます。新しい紙の左上に、最初に考える問いのグループを転写します。

最初に扱うべき問いのグループは、自身の体験や具体例に即した意見や問いが出そうなグループを扱うのが原則です。あとで詳しく解説しますが、抽象的な問いのグループや、どこかで得た知識で答えてしまいがちな問いのグループは、宙に浮いたような展開になってしまう可能性があるので避けましょう。

次に、転写した問いから線を伸ばして展開していきます。「どんなとき働きがいを感じるか？」という問いに対して、「目標の課題解決に向けて努力しているとき」と枝葉を伸ばしていきます。

それに続けて、「掘り下げて問う」ことを意識的に実践してみましょう。この場合、矢印↓を使って「達成したいという自分の思いが満たされるから」と、先ほど出した意見や主張の理由や根拠、意味を書いてみます。

もちろん、別の問いの形式を使ってもよいでしょう。実際のところ、掘り下げて問う場合、「なんのために○○するのか」と目的を問うこともあれば、「何が原因で○○となったのか」と因果を問うこともありえます。他にも「何が○○の根拠となっているのか」「○○の意味は何か」など、さまざまな問いの形式があります。

「なぜ？」と端的に問うより分解して問うほうが、より分解能の高い答えにたどりつけるので、**できるだけ何を問いたいかを意識する**ことがコツです。

ステップ3A-2　別の視点に振ってみる

人は意識しなければ、いつもと同じような視点や思考パターンで考えがちです。

ステップ3A-2　別の視点に振ってみる

問いや意見について、別の視点に転換してみましょう。

働きがいの「条件」をめぐる問い

別の視点で考えると？

2. どんなとき(は)を感じるか？ ⟷ どんなとき(は)を感じられないか？

やりたくない仕事を強いられたとき
実現したいことができず苦しいとき

目標の課題解決に向けて努力しているとき

↓

達成したいという自分の思いが満たされるから

哲学シンキングでは、意識的に「別の視点に振ってみる」ということをします。そのときに使うのは、「もし○○だったらどうだろうか？」「他にどういう可能性があるか？」「逆（反対）の視点で考えてみたら？」といった問いのパターンです。

例えば、先に出した問い、「どんなとき働きがいを感じるか？」であれば、「どんなとき働きがいを感じられないか？」といった視点転換ができるでしょう。それに対して、「やりたくない仕事を強いられたとき」「実現したいことができず苦しいとき」といった考えが出てくるかもしれません。

もちろん他の箇所から矢印を伸ばして

いただいても、他の問いの形式を使ってもかまいません。ぜひ自身で書いた問いや意見について、「別の視点に振ってみる」ことを実践してみてください。

ステップ3A-3　共通点や違いを問う

ここまでに紹介した問いのパターンは、議論を深めたり広げたりする基本パターンですが、ここで紹介する「共通点や違いを問う」は、二つ以上の問いや意見を前提するという意味で、より複合的で発展的な問いかけです。

典型的には、「○○と△△の共通点は何か」「○○と△△の違いは何か」「○○の考えと△△の考えは矛盾していないか」といった問いの形式があります。

例えば、異なる脈絡で議論を展開するなかで、Aの意見（あるいは問い）とBの意見（あるいは問い）に同じ要素がある場合、その共通点が見出せます。複数人のチームで対話する場合には、その共通点は合意している共通見解や互いに共有している前提となります。

哲学シンキングでは、そうしたコンセンサス形成や共通前提を確認・発掘していくことが大切です。

その一方で、共通点は相違点と対になっていることが多くあります。というのも、AとBにCという共通点があったとき、論理的にはAの部分にCの要素があり、Bの部分にもCの要素が含まれます。しかし、C以外のA、Bの諸要素は両者の共通要素ではないもの、相違点になります。

その**相違点を見出すことは、鋭い論点を発見するために重要**となることがよくあります。

例えば、AとBには、C以外にDやEなど、たくさんの相違する諸要素があったとしても、それらの要素同士は対立したり矛盾したりするとは限りません。そうした諸要素は、単に互いに関係のない独立した要素にすぎません。

しかし、AとBの要素のなかには、対立要素や矛盾する要素が含まれていることがあります。哲学シンキングを実践するうえでは、共通点以外の諸要素のなかでそうした要素を発見し、論点として提示することが大切です。

ここでの例では、「自分の思いを実現できるかどうか」が**対立点や相違点**になっています。その一方で、実現の可否にかかわらず、「自分自身が達成したいことかどうか」が、働きがいを感じるか感じないかを考える際、**共通の価値基準や前提**になっていることを見出しています。

ステップ3A-3　共通点や違いを問う

二つ以上の問いや意見の相違点や共通点を指摘してみましょう。

働きがいの「条件」をめぐる問い

2. どんなとき(は)を感じるか？ ⟷ どんなとき(は)を感じられないか？

やりたくない仕事を強いられたとき
実現したいことができず苦しいとき

目標の課題解決に向けて努力しているとき

↓

達成したいという自分の思いが満たされるから

相違点や共通点は？

★実際にできるかどうかは対立していても、
自分自身が実現したいことかどうかが
(は)の価値基準になっている

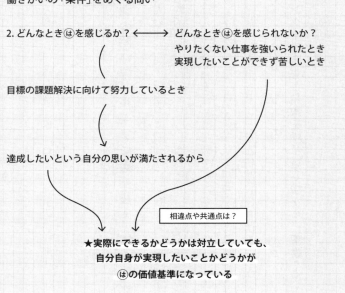

多くの場合、異なる問いや意見を結びつけてみると、新しいインサイトや課題となるようなポイントになります。その場合、哲レコの分岐点にもなるので、あとで全体を振り返るときにわかりやすいように★印をつけたり、別の色に変えたりするなどしておきましょう。

ステップ3B　別の問いのグループに切り替え「視点を変える」

本書では紙幅の都合上、議論の展開も哲レコもシンプルに簡略化してご説明していますが、読者自身が実施する際は、ここまでに紹介した問いのパターンや哲レコのとり方を参照しながら、どんどん枝葉を伸ばしてみてください。

特に、3A-3で紹介したような異なる問いや意見を関係づけたり、重要なインサイトや論点を印づけたりすることで、一方的に拡散し続けるのではなく、議論が収束する方向にも向かいます。その結果、議論全体がシステマティックになっていきます。

哲学シンキングでは収束と発散を繰り返しながら、議論を展開していくことが鍵になります。

哲学シンキングの個人ワークの企業研修を実施するときも、「枝葉が拡散し続けて終わりがないのではないか」という質問をよくいただきます。確かに、逆の視点に振ったり、根拠や理由を問い続けたりするだけでは議論はまとまりを得なくなるでしょう。

しかし、異なる問いや意見を結びつけながら、適宜、収束・統合の関係性も同時につくっていくと議論も体系的に閉じていきます。十分に議論を深めていけば、別の意見や視点の可能性も次第に汲みつくされていき、徐々に新たな問いや見解が出づらくなってきます。

そうなってきたら、新たな問いのグループに切り替えるタイミングです。別の問いのグループでも、3A−1から3A−3で紹介したような議論を展開し、哲レコにメモをとっていきましょう。

次は、引き続き問いを展開・深化させていくパターンを紹介しつつ、働きがいの「種類」をめぐる問いについて、哲学シンキングを継続していきます。哲レコには、次頁の図のように二つめの問いのグループに分類されていた問いを転写します。

本書の参考例の場合、「4. なぜ働きがいは持続したりしなかったりするのか?」「5. チームでの働きがいと個人での働きがいの違いは?」を転写し、そこからこれまでと同様に枝葉を伸ばし議論を展開していきます。

ステップ3B-4　問いや意見を極端にしてみる

論点が際立つように問いや意見を極端にしてみましょう。

働きがいの「種類」をめぐる問い

4. なぜⓗは持続したりしなかったりするのか？

5. チームでのⓗと個人でのⓗの違いは？

極端にすると？

↓

無人島で独りでもⓗはあるか？

ステップ3B-4 **問いや意見を極端にしてみる**

哲学の議論では、しばしば思考実験を用いることがあります。実現できるかどうかはさておき、複雑な状況に含まれるさまざまな要素をあえて捨象することで、仮想的に極端な条件を設定して考えてみます。考えたい問題とは関係ない要素をできるだけ減らして、論点が鋭くなるような条件にしてみることがポイントです。

哲学シンキングでも、問いや意見をあえて極端にしてみることを試してみましょう。

例えば、「チームでの働きがいと個人での働きがいの違いは？」を「無人島で独りになっても働きがいがあるか？」という極端な問いにしてみます。他の人間と関わりがない状況下を想定することで、人間関係の有無が働きがいというテーマにどれほど影響があるかという論点を鋭くさせています。実際に無人島に行けなかったとしても、想像することは可能です。

なお、「種類」をめぐる問いのグループでは、二つの問いが挙がっていますが、必ずしもすべての問いを扱う必要はありません。時間があれば、多くの問いについて考えていくのが望ましいですが、転写した問いから可能な範囲で線を伸ばして展開していくようにしましょう。

ステップ3B-5　具体例・反例を挙げる

哲学は抽象的な学だと思われがちですが、「例えば？」「例外は？」「否定となる例は？」と問い、具体例や反例を挙げてみることも重視します。

言葉は元来、抽象的です。いま目にしている書籍も、ページをめくる際の音も、どんなに言葉を尽くしても、具体的な経験そのものになりえません。言葉はいつも、その具体的な経験に対してそれを表現しようとする抽象概念です。言葉を通じて私たちは思考するわけですが、自身の実体験や事例を挙げながら考えることで、リアリティがある議論を展開できます。

ステップ3B-5　具体例・反例を挙げる

具体例や反例を挙げてみましょう。

働きがいの「種類」をめぐる問い

4. なぜ(は)は持続したりしなかったりするのか？

5. チームでの(は)と個人での(は)の違いは？

↓

無人島で独りでも(は)はあるか？

具体例は？ e.g. 自分の目標を達成できたとしても
誰にも認められず、(は)がなくなることがある

反例は？ ★傷ついた動物に遭遇して救う場合、
(は)を感じられるのではないか？

とくに**個別の具体例を挙げることは、不用意に一般化された命題を反証するときに効果を発揮します。**

例えば、「B型の人間は自分勝手だよね」と言う人がいたとき、「すべてのB型の人間一般」に「自分勝手である」という表徴を適用しています。もしその人が、目の前にいる人がB型であることだけを理由に「あなたは自分勝手だ」と言うとします。その場合、「B型の人間は自分勝手である」「あなたはB型の人間である」ということから、「あなたは自分勝手である」と推論していることになります。

このように、抽象的な言葉だけでは、

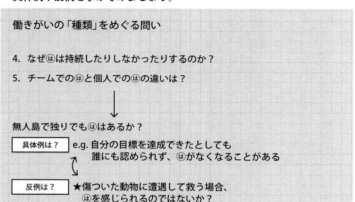

一般化された命題や論理のみにしたがって議論が展開してしまうことが往々にしてあります。ですが、「自分勝手ではないB型の人間」を一人でも挙げることができれば、「すべてのB型の人間は自分勝手である」ということを反証することができます。

哲学シンキングを実践する際にも、具体的な事例を挙げることを意識しながら進めます（もっとも、「自分勝手ではないとはどういうことか」もまた、哲学シンキングで問われるべき問いとなりますが）。

例えば、「無人島で独りでも働きがいはあるか？」という問いに対して、「自分が設定した目標を達成できたとしても誰にも認められず、働きがいがなくなることがある」という具体例を挙げることができるかもしれません。

一方、「傷ついた動物に遭遇して救う場合、働きがいを感じられるのではないか？」という反例を挙げる人もいるかもしれません。哲レコにも前頁の図のようにメモしていきましょう。

ステップ4　核心的・革新的な問いや本質を発見する

時間があれば、三つ以上の問いのグループを扱ってみることをおすすめしますが、さしあたり、二つ以上の問いのグループについて哲レコが展開されていれば、ステップ4に進むことができます。

ステップ4では、ここまでの議論全体を俯瞰的に振り返りながら、より根本的なインサイトや課題を発見します。3A－3で紹介したように、異なる意見や問いを関係づけたり、共通点や相違点、矛盾点を見つけたりしていきます。しかし、3A－3とは違って、今度は一つ目の問いのグループと、二つ目の問いのグループの議論体系を見比べます。

3Aや3Bの議論体系は、一つの問いのグループ内で異なる意見や問いを紐づけていくという点で平面的ですが、別の問いのグループ、つまり別の視点で同じテーマについて考えることで、次元をワンランク上げて立体的に議論を振り返ることができます。そうすることで、3Aでの議論や前提が、3Bという別の視点から見直されてリフレーミング（視点転換）が行われやすくなります。以前には気づかなかった暗黙の前提や課題が覆され、より根本的なインサイトや課題が発見されやすくなるのです。

逆に、3Aの視点から3Bの議論や前提を見直してもよいですし、慣れてくればステップ3の二つ目以降の問いのグループを考えていく途中でも、その前で展開した問いのグループの議論内容と比較できるようになります。

哲学シンキングの問答は、思い込みや偏見を取り除き、前提の前提を遡っていくような思考です。

論理規則にしたがって合理的に議論を組み立てていくロジカルシンキングや、議論の妥当性を批判的に吟味するクリティカルシンキングも部分的に含むとはいえ、哲学シンキングの要はむしろ、積み上げていく論証が破綻し、「そもそも○○とは何か」を反省的に問うこと、「隠れた前提」を暴き出したり、より根源的な前提に遡ったりしていくことにあります。

ステップ4-6　異なる問いや意見を関係づける

哲レコでは複数の問いや意見が出て、たくさんの線が伸びることで、議論の脈絡（コンテキスト）が形成されます。各議論の枝葉はそれぞれ体系的な脈絡となっていますが、対立する論点となるものがあれば、それを問いのかたちにしてみましょう。

例えば次頁の図のように、３Ａで出てきた「実際にできるかどうかは対立していても、

ステップ4-6　異なる意見や論点を関係づける

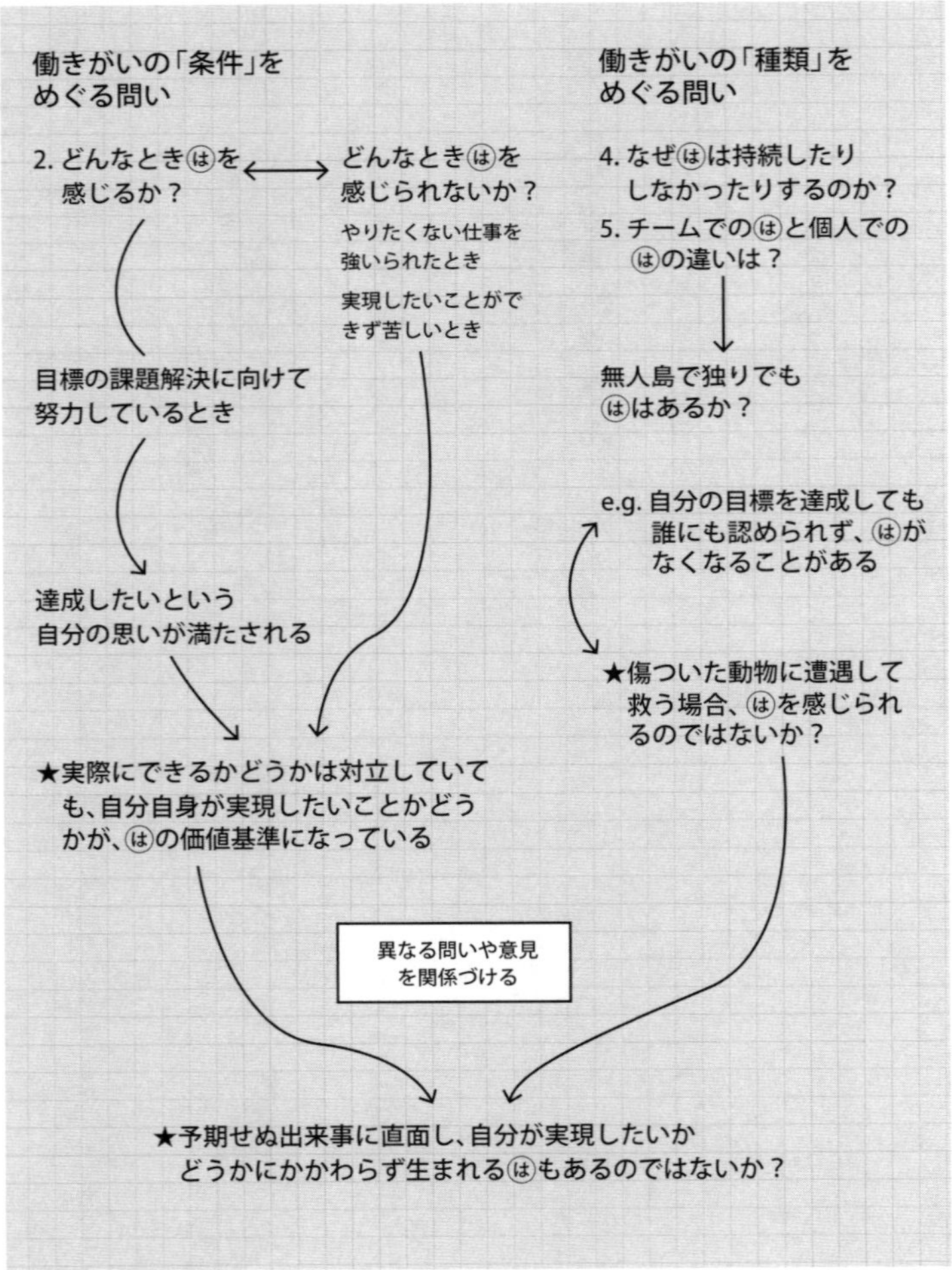

働きがいの「条件」をめぐる問い
2. どんなとき(は)を感じるか？
どんなとき(は)を感じられないか？
やりたくない仕事を強いられたとき
実現したいことができず苦しいとき
目標の課題解決に向けて努力しているとき
達成したいという自分の思いが満たされる
★実際にできるかどうかは対立していても、自分自身が実現したいことかどうかが、(は)の価値基準になっている
働きがいの「種類」をめぐる問い
4. なぜ(は)は持続したりしなかったりするのか？
5. チームでの(は)と個人での(は)の違いは？
無人島で独りでも(は)はあるか？
e.g. 自分の目標を達成しても誰にも認められず、(は)がなくなることがある
★傷ついた動物に遭遇して救う場合、(は)を感じられるのではないか？
異なる問いや意見を関係づける
★予期せぬ出来事に直面し、自分が実現したいかどうかにかかわらず生まれる(は)もあるのではないか？

自分自身が実現したいことかどうかが、働きがいの価値基準になっている」と、3Bで出てきた「傷ついた動物に遭遇して救う場合、働きがいを感じられるのではないか？」を関係づけて、その矛盾点を問いのかたちにしてみましょう。

この場合、「予期せぬ出来事に直面し、自分が実現したいかどうかにかかわらず生まれる働きがいもあるのではないか？」という問いへ展開することができます。

意見が対立するとき、それらを調停する答えを出すのは、必ずしも簡単ではありませんですが、問いのかたちにすることは難しくないはずです。むしろ、対立意見の何が論点になっているかを明確化せずにそれぞれの意見を展開すると、議論が噛み合わず、水掛け論になってしまいます。

異なる意見を調停する統合案や妥協案を出すには、答えようとするより先に、対立点となっている論点を問いのかたちで言語化してみることが有効です。

この例では、3Aで共通点として抽出された「自分自身が実現したいことかどうかが働きがいの価値基準」という前提が覆されています。これは、アンコンシャス・バイアス（無意識の自分の偏見）が取り除かれたり、意識されざる前提が覆されたりしている瞬間です。

代わりに、自分の意図や欲求から逸脱した予期せぬ出来事が自分の働きがいを触発し、突き動かすこともあるのではないかという新たな問いが生まれています。

もしこの人が最初、「働きがいは自分がやりたいことを追求することであり、自分で獲得しようとするものだ」と思い込んでいたとしたら、**自分がやりたいことでも、やりたくないことでもない、第3の働きがいの領域がある**と気づいたことになります。本人の意図や欲求にあずかり知らない外部から「働きがいが与えられる」というインサイトや着眼点は、本人にとって目から鱗が落ちる体験となるはずです。

さらに、「自分で獲得しようとする働きがいと、自分の外部から与えられる働きがいの違いは何か？」という問い＝課題を立てることもできるでしょう。答えまでは獲得できないかもしれませんが、他者・他社が気づいていないような、核心的・革新的な問い＝課題を獲得できれば、新たなイノベーションの種になります。

もちろん、1回の哲学シンキングの実践で100％イノベーションにつながるとは限りません。ですが、闇雲にアイデア出しをしたり課題分析をしたりするよりも、圧倒的に成功の確率は上がりますし、計画的・戦略的にテーマを変えて複数回実施することで成功の確率を上げていくことができます。これまでの経験では、複数回実施すれば、ほぼ確実になんらかの斬新なインサイトや課題が見つかっています。

本章では、続けて複数人の対話形式で実施する場合のメソッド解説を進めましょう。

コラム　プラトンのイデア論の批判から考える本質批判

いまビジネスの世界では、「本質を追求し、つかむことが大事だ」といわれます。しかし、そのようにいうとき、本当にその意味を理解し納得できているでしょうか。

「○○とは何であるか」という問いのかたちでの本質探求は、プラトン（あるいはプラトンが描くソクラテス）も哲学的な対話を通じて行っていたことです。プラトンの作品は対話形式で書かれています。ソクラテス自身は一冊も著作を残さなかったのですが、弟子のプラトンは自身の対話編のなかに師ソクラテスを登場させ、さまざまな人と哲学的な対話をさせています（『ソクラテスの弁明』などいくつかの作品は、ソクラテスの史実に基づいていると考えられていますが、多くの作品はプラトン自身が創作しています）。

例えば、「美とは何か」「勇気とは何か」「正義とは何か」といった問いについて、複数の登場人物が対話するわけです。プラトンの描くソクラテスは、いくつかの前提から出発し、議論を組み立てていくなかで、対立意見や矛盾を引き出し指摘するということをします。

つまり、ある登場人物Aが「勇気とは○○である」と考えていたとして、「では、△△のような場合も勇気といえるのかね？」などと問いかけるなかで、「勇気とは○○である」という当初の考えが矛盾を含んでいることをAに自覚させ、「そもそも勇気とは何か」と問うようにAを誘うのです。

その答えに該当するものをプラトンは、その物事の本質（何であるか）として「イデア」と呼びました。ただし、プラトンにとってそれは新たに知るのではなく、もともと知っていたことを想起して到達されるものです。私たちは美や勇気といった言葉を理解し、それが何であるかをもともと知っていたはずだからです。

しかし、20世紀フランスの哲学者E．レヴィナスは、自分の考えには収まりきらない「他なるもの」を重視し、本質についての知識がすでに自分の中にあるという想起説を批判しました。この考えからすると、本質の追求とは既知の「何であるか」を逸脱したり、自身の思考の枠組みを超えたりする営為ともいえます。

哲学シンキングにおいても、複数人で対話するときは、他者を自分のなかに完全には取り込めないという意味で自分を超えでた存在と考え、他者の声に耳を傾けます。そうした他なるものとの出会いが従来の固定観念を破壊し、新たな気づきや課題を発見するきっかけとなるのです。

個人で実施する場合も、自分のなかに潜在する、他なる（あるいは多なる）〈私〉の声に耳を傾けるわけですが、この点は第4章で論じます。

複数人のワークショップ形式で実施する場合

ここまでは、一人で行う哲学シンキングと哲レコをご紹介してきましたが、複数人のワークショップ形式でも同様のことを実施できます。私自身、仕事では主に複数人のワークショップを実施しています。

以下では、個人での哲学シンキングの補足説明を追加しつつ、複数人のワークショップで実施する方法についてご紹介していきます。

複数人の対話的ワークショップで実施するときも、個人での哲学シンキングと同様、4までステップを踏んでいきますが、**決定的に異なるのは他の参加者の発言をファシリテー**

トしていく点です。

ファシリテートはワークショップの単なる司会進行につきません。対話の展開を整理したり、参加者の主張や問いに対する別の視点を提示したりして、対話内容がより深まり、本質に迫っていけるように伴走します。

とはいえ、あらかじめ「○○になったら△△と問いかけよう」とか、「このテーマについて○○という意見や課題が出てくるだろう」と準備するわけではありません。そうしてしまうと、ファシリテーターも参加メンバーも、事前に準備した考えに引っ張られてしまいます。

ひどい場合、ファシリテーターが企画立案者を兼ねていれば、自分の仮説を正当化するために対話を誘導してしまうかもしれません。

ファシリテーターは参加者とともに、設定されたテーマについて探求する気持ちで臨むのがいいでしょう。

ワークショップの場合も、個人で実施する哲学シンキングと基本的な心構えやステップは同じですが、さまざまな違いもあります。

全体の流れとしては以下のように進めていきます。

ステップ0　テーマ設定および時間・場所・参加者の設計
ステップ1　問いを集める
ステップ2　問いを整理する
ステップ3　議論を組み立て、視点を変える
ステップ4　核心的・革新的な問いや本質を発見する

ステップ0　テーマ設定および時間・場所・参加者の設計

まずはテーマを設定します。テーマはキーワードでもかまいませんし、問いでもかまいません。キーワードであれば、「コラボレーション」「働き方改革」など、対話したい問題に関するテーマを設定しましょう。問いであれば、「社会貢献ってどういうこと?」「人はなぜ仏像を見ていると心が安らぐのか?」といった形式にします。

ただし、ここで注意すべきは、**できるだけ問いを中立にすること**です。例えばインテリア仏像販売の事業者で、なぜ仏像ファンの人たちは仏像を購入するのかを探求したことがあります。その際、最初は「なぜ年を重ねると仏像に興味をもつのか?」というテーマが出されました。

しかし、この問いにはすでに「年配の人のほうが仏像に興味がある」という前提があります。これでは対話に参加する人にもそのような認知バイアスがかかってしまい、その前提から対話をスタートすることになってしまいます。

こうした場合は、「年齢や性別で仏像への興味は変わるのか？」という問いにしたほうが、年齢やジェンダーによるバイアスを取り除いたフラットなところから対話をスタートできるでしょう。

また、テーマ設定する際は、**抽象度が高いと対話に広がりが出る一方で、拡散して漠然とする傾向**にあります。逆に、**具体的にするほど対話の範囲が限定**されます。

例えば、「働く意味」というテーマと「コンサルタントとして働く意味」では、前者のほうがさまざまな問いや論点、意見が出る一方で拡散しやすく、後者のほうが限定されて問いや論点、意見が収束しやすくなります。

ただし、どちらがよいかはワークショップの目的によります。どこから手をつけていいかわからず、まずはいろんな視点を引き出したいという場合は、前者の広いテーマ設定のほうが適切です。

一方、合意形成など、ある程度目的が絞られている場合には、テーマも限定して実施したほうが収束しやすい対話になります。その際には、先述のように「コンサルタントとして」という限定詞をつけるといった方法があります。
　別の例を挙げると、漠然と「幸せ」について対話するより、「ささいな幸せ」にしたほうが具体的で限定された議論領域の対話になります。

　ワークショップの時間は60〜90分くらいを目安にしましょう。趣旨説明や自己紹介、アイスブレークの時間を含めると、全体としては90〜120分くらい必要です。もっとも、ちょっとしたリフレーミングやアイデア出しを目的とした場合、20〜30分の短時間で導入する哲学シンカーもいます。

　場所は、対面で実施する場合には談話室やカフェのようなイベントスペースなど、**リラックスして話せる空間**がベターです。もちろん会議室でも実施できますが、机をどけて椅子を円形に並べて輪になって話せるほうがよいでしょう。
　ビジネスシーンで実施する場合、参加者の選定も非常に重要です。原則としては、プロジェクトの目的に資するメンバーに参加してもらいましょう。社内であれ社外であれ、プロジェクトチームの課題に関して対話する場合には、チームメンバーのほか、関係者に参加してもらいます。

人数は8〜10人が最適です。これまでに最少4人、最大16人ほどで実施したこともありますが、人数が少なすぎると多様な視点が出づらくなります。逆に人数が多すぎると、たくさんの視点が出すぎてまとまりがなくなったり、一人あたりの発言の機会・時間が少なくなったりします。人数が多くなりすぎる場合は、2回、3回に分けたり、複数のグループに分けて実施したりしましょう。

ワークショップをより効果的にするには、**異分野の参加者、世代や所属の異なるメンバーを含める**ことです。効率を重視するビジネスシーンでは、課題に関するプロフェッショナルを必要な人数だけ集めて実施したくなるのが常です。

しかし、哲学シンキングでは扱う課題やテーマについて詳しくない人や他部署の人など、多様なメンバーにも参加してもらいます。その課題のプロだけでは出てこない、斬新な問いや視点、意見が出てくることが多いからです。その人はもしかすると、とんちんかんなことを言うかもしれませんが、そうした**少しずれた異端者こそが、議論全体の前提をひっくり返す視点をもたらしてくれます。**

ここで大事なのは、哲学シンキングが「問い」からスタートするという点です。通常の会議やアイデア出しでは、何か「よい」ことを言わないといけないという暗黙の前提があります。その場合は、理路整然と話せる人や正論を話せる人が優位に立ちます。あるいは立場上、より上位の役職者の発言が強くなってしまいます。

一方、「問い」を出し合うというルールの場合、そうした上下関係はリセットされ、フラットな場がつくられます。むしろ、新入社員や普段うまく発言できない人のほうが、他の人からは出てこない斬新な問いが挙げられることが多いです。

画期的なアイデアが出たり、メンバーのエンゲージメントを高めたりするには、突拍子もないことを言える知的に安全な雰囲気と仕掛けが極めて重要となります。

以上は、対面の場合を想定したケースですが、**オンラインで実施する場合も基本は同じ**です。哲学シンキングは言葉だけで実施するため、オンラインとも相性がよく、参加場所を問わないため、全国各地から参加できることもメリットです。哲学シンカー養成講座には海外在住の方も受講しています。

STEP 3　議論を組み立て、視点を変える（20分＋20分）
慣れるまでは二つの問いのグループのみ

「次に、○○という問い（STEP 2で整理した問い）について、さらなる問いでも自分の考えでもいいので、意見を出してみましょう。その際、なぜそう言えるのか？　○○はどういう意味か？　もし○○ならどうなるか？　どういう例があるか？　お互いに問いかけ合いましょう」

それぞれの頭の中のストーリーを大切に！

・議論をメモし、重要な論点やインサイトを印づけていく
・対話を振り返って整理したり、別の視点に話を振ってみる
・ホワイトボードや付箋で参加者が見えるかたちにはしない

STEP 4　核心的・革新的な問いや本質を発見する（10分）

「これから議論を振り返りますので、どんな新しい発見や気づきがあったか、考えてみてください。答えではなく、問いでもかまいません」

・議論の分岐点やキーワードを指摘していく

ワークショップの流れ（60分コース）

STEP 0　場の設計（事前準備）

・レイアウトは円形に。参加者の距離は両隣の人の腕があたらない程度に
・同じ属性、発言力のある人には分散して座ってもらう

上下関係なく発言しやすい雰囲気をつくる！

STEP 1　問いを集める（5分）慣れるまでは5〜6個

「〇〇（テーマ）について、答えではなく問いを挙げてみましょう。普段から疑問に思っていることでも、突拍子もないことでもかまいません」

・ファシリテーターは出てきた問いをメモする

STEP 2　問いを整理する（5分）

「次に、似ている問いをグルーピングし、何に関する問いか、整理しましょう」

・STEP 1の問いを読み上げ、関連する問いをグループ化
・具体例が出やすい問いから課題解決に迫っていく順番を決める

ワークショップの実施

さて、いよいよワークショップ当日です。

ファシリテーターは哲レコをとります。そのため、紙を数枚と筆記用具（あるいはiPadなど）、録音するためのＩＣレコーダーをもっていくことを推奨します。

まず、会場設営は円形に椅子を並べます。いまは感染症対策で一定の距離をとる必要もあるでしょうが、参加者同士の距離が離れすぎると声が聴こえなかったり、集中力が落ちたりするので、可能な範囲で適度に近い距離で実施するほうがいいでしょう。

ポイントは、**発言力のある人たちには分散して座ってもらう**という点です。会議室などでは、上座・下座があって、上位の管理職の人が上座に座るのがマナーとなっていますが、こうしたかたちは参加者に上下関係をつくってしまいます。

決裁者など力がある人がかたまれば、他の参加者の意識はそちらに向かってしまったり、監視されたりしているような気分になることもあるでしょう。そのような環境では、立場の弱い人は自発的・主体的に話しづらくなってしまいます。

この点、哲学シンキングのワークショップは円形のため、上座・下座はありません。また、役職者に分散して座ってもらうことで、参加者の意識が特定の方向に偏らなくなります。できれば部署や性別、年代など、同じ属性の人がかたまらないようにしましょう。人事部、広報部など、部署ごとにかたまってしまうと、対話がチーム戦のようになってしまう可能性もあります。

それぞれが席に着き、ワークショップの趣旨やテーマ、対話の進め方などについて概要を説明したら、いよいよスタートです。

対話の場の一員である気持ちや声を発しやすい雰囲気を作り出すためにも、できるだけ自己紹介やアイスブレークを実施してから開始するとよいでしょう。

ステップ1　問いを集める

設定したテーマに関して、「**意見や答えではなく、問いを挙げてみましょう**」という声かけから始めます。その際、どんな問いでもかまわないこと、みんながわかるように問いを簡潔で明確なかたちにすることを促すとよいでしょう。

上述したとおり、問いから始めることで課題やテーマの前提が覆され、思いもよらない視点が獲得されやすくなります。また、思考のバイアスから解放され、参加者のクリエイティビティも最大化されます。

ファシリテーターは提起された問いを紙にメモしていきます。原則として付箋は使いません。口頭で問いを出していくことで、他の人も触発されて問いを出しやすくなりますし、「あー、確かに」と共感する問いが出ることで場もほぐれていきます。付箋の場合、各人が黙々と書いたうえに重複する問いが出たり、全員分の問いを共有したりするのに時間がかかってしまいます。

ホワイトボードも必ずしも必要ありません。テーマや問いを板書する程度で使うこともありますが、口頭で読み上げて共有できればそれでかまいません。

一方、ステップ3以降の対話内容は板書しないようにします。せっかく各自が頭の中で独自のストーリーを思い描きながら対話しているのに、ホワイトボードで可視化してしまうと、みんなが同じようなイメージをもってしまい、多様性が失われ画一化されてしまうからです。あくまでも哲レコのメモはファシリテーターのみが見えるかたちでとっていきます。

ステップ2 問いを整理する

似通っている問いをグループ化し、各グループが何をめぐる問いなのか整理していきます。基本は個人で実施する場合と同様ですが、対話形式の場合、他の参加者と協力して進めていきましょう。

既述のとおり、このステップは各問いを反省する意味のほか、ステップ3で対話を深めるための柱づくりでもあります。いくつかの問いのグループに整理したあと、ファシリテーターは対話する順番を決めましょう。

原則は、具体例が出やすい問いから本質的な問いに迫っていける順番で扱っていきますが、何が本質的であるかはプロジェクトの目的により変わってきます。

例えば、ビジョン構築・コンセプト策定であれば、その本質が何であるかをチームで深掘りして共有したいので、「定義」をめぐる問いは後半に扱います。

よくビジネスパーソン向けに哲学シンキングを行うと、「この言葉の定義を確認してからでないと対話できません」という発言が出たり、「ググったら辞書でこう定義されてます」といった発言が出てきます。

しかし、そもそも「〇〇とは何か」を問い、深掘りし、言語化することが哲学シンキングです。**参加者が腹落ちするようなかたちで本質を明らかにするためには、むしろ最初は具体的な経験に即して対話できるような問いのグループを扱うほうがよい**でしょう。地に足の着いたさまざまな視点を獲得したあとに、ビジョンやコンセプトの策定・共有に資するような「定義」や「意味」などの問いのグループを扱います。

ただし、目的が異なれば原則も変わってきます。例えばマーケティングリサーチで、調査対象のパネルがどんなとき商品を買うかについて理解を深めたい場合、「どんなときに、どのような価値を感じて買うか」を知りたいので、「時」「場所」「条件」「価値」をめぐる問いを後半に対話したほうがいいこともあります。

例えば美容品のリサーチをする際には、「美とは何か」よりも「どんなときに美を感じるか」を知りたいこともあるでしょう。「美とは何か」は、学術としての哲学（美学）の根本問題ですが、ビジネス上の関心では「どんなときに美を感じるか」が本質的な問いの探求となるのです。

ステップ3　議論を組み立て、視点を変える

問いのグループを整理し、扱う順番が決まったら、一つ目のグループの問いから対話し

ます。その際、ファシリテーターは次のような問いかけを心がけながら、参加者同士がお互いに問いかけ合うように促しつつ、自らも哲学シンキングの手法を使いながら働きかけていきましょう。


「なぜそう言えるのか？　本当にそうなのか？」

「〇〇はどういう意味か？」

「もし〇〇ならどうなるか？　別の視点から考えたらどうなるか？」

「どんな具体例があるか？　反証例はないか？」

「〇〇との関係は？　〇〇との違いは？」

「何が論点や核心となっているか？」


ステップ3からは、参加者は意見や主張、さらなる問いを出し合いながら対話を進めていきます。しかし、それだけでは対話は拡散してまとまりを得なかったり、意見を吐露したりするだけになってしまいがちです。

ファシリテーターは、対話の流れを哲レコでメモしつつ、別の視点に振ったり、根拠や意味を問いかけたりしていきます。そうすることで個々の発言同士が線で結ばれるだけで

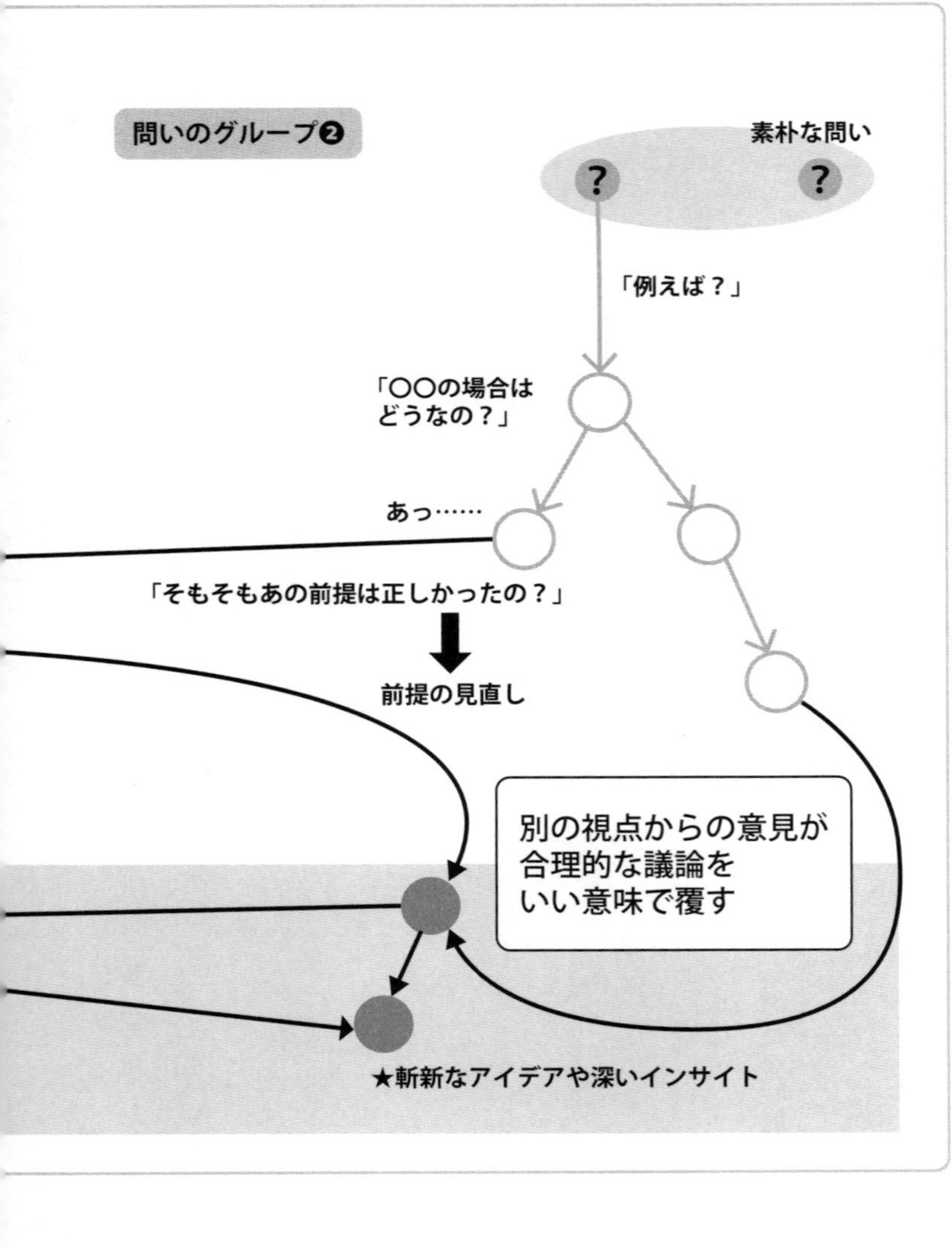
問いのグループ❷
素朴な問い
?
?
「例えば？」
「〇〇の場合は
どうなの？」
あっ……
「そもそもあの前提は正しかったの？」
前提の見直し
別の視点からの意見が
合理的な議論を
いい意味で覆す
★斬新なアイデアや深いインサイト

哲学シンキングの原理図

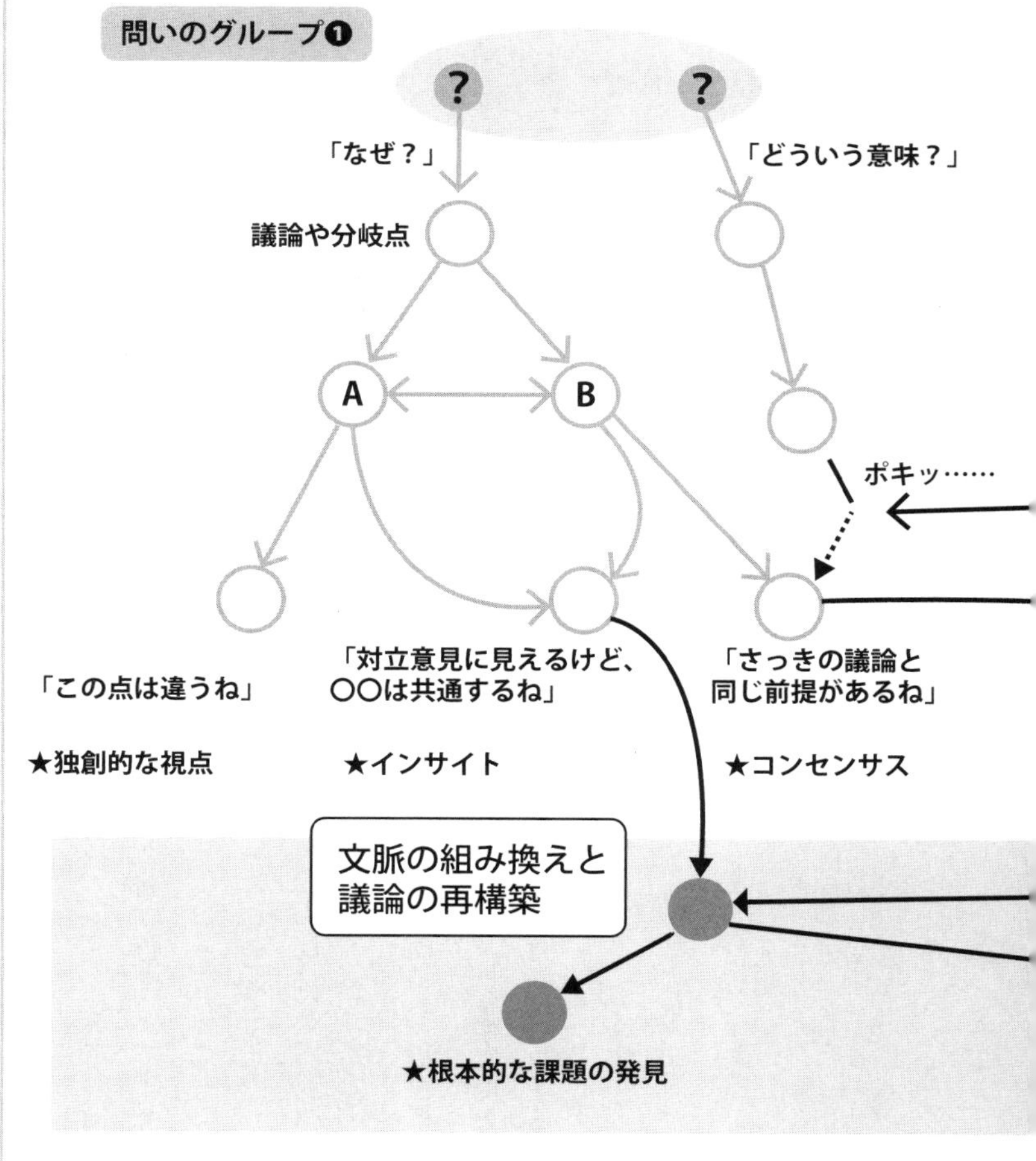

はなく、対立や統合を通じてゆるやかな体系性や構造が形成されていきます。そのなかである程度、議論する余地が汲みつくされてきたら、他のグループの問いに切り替え、同様に対話を深めていきます。これは、同じテーマに関して異なる視点で考えていくためです。

特にファシリテーターは、適宜、前の問いのグループで出た意見や問いを振り返り、交差する論点を提示したりしていきます。ときには本筋から脱線した問いや意見が、別の問いのグループに切り替えたことで、伏線となって斬新な気づきをもたらすこともあります。

一つ目の問いのグループでは当たり前に受け入れられていた前提が覆されることさえありますが、哲学シンキングにおいてそれは好機です。先の図で示したように、**もともとの大前提が覆されたうえで議論体系を再構築することで、新しい意味の脈絡ができあがるからです**（より詳しい理論は第4章で説明します）。

ステップ4　核心的・革新的な問いや本質を発見する

最後に、ファシリテーターは哲レコを見て、対話内容を口頭で振り返ります。そのうえで参加者に、どんな新しい気づきや問いが見つかったかを発言してもらいます。

振り返りの際には、できるだけステップ3で扱った複数の問いのグループ間を越境させながら、キーワードや論点に注目していきましょう。異なる視点の問いのグループから対話全体を俯瞰することで、各グループの対話だけでは気づけなかった新たな気づきや問いが発見されやすくなります。

チーム全体で共通する見解は、ビジョンやコンセプトの共有になります。一方、個々人で異なる見解はアイデアの種になったり、各々がワークショップ後にも考え続けるきっかけになります。ポイントは、必ずしも結論や答えがでなくてもいい点です。**新たな問いや課題が見つかることもまた、哲学シンキングの成果**です。それらは対話前より深化した課題の真因を捉え、より適切な課題設定になっていることでしょう。

ワークショップ後にやるべきこと

ワークショップ後、必要に応じてファシリテーターは議事録や分析レポートをつくってチームや組織で共有することをおすすめします。そうすることで理解が深まるとともに、対話の最中には気づかなかった新しい気づきや問いが得られます。

その分析をもとに2回目以降のテーマなどを検討し、複数回実施することもあります。

次章ではケーススタディについてご紹介しますが、拙著『「課題発見」の究極ツール哲学シンキング』（マガジンハウス）では、ストーリー形式でメソッドを解説していますので、より詳しく実践方法を知りたい方はご覧ください。[22]

コラム 哲学対話と哲学シンキングの違い

読者のなかには、「哲学対話」についてご存じの方もいらっしゃるかもしれません。主に学校などの教育機関や市民の集う街角のカフェなどで、さまざまなテーマのもと実施されています。哲学対話と哲学シンキングは共通する部分もあるものの、理念においても方法においても異なります。

哲学対話は参加者で問いを出し合い、話し合う問いを多数決で決めます。選ばれた問いについて対話を進めていきますが、特定の課題解決や目的達成を目指して実施するよりも、自由な対話を重視します。

一方、哲学シンキングは私自身が行っている哲学の論文執筆の手順や哲学的議論の思考スタイルをもとにしており、対話内容を随時整理したり、合意形成をしたり、結論を出したりもします。

例えば、哲学対話の場合、問いは参加者の多数決で決められるため、課題とは無関係な問いが選ばれてしまう可能性があります。

対して、哲学シンキングのステップ2では、問いをグループ化してどの順序で対話していくかについて、課題やワークショップの設計をよく理解しているファシリテーターが決めます。ちょうど論文の構成のように、どの順序で論を展開していくかを練ったりして、扱う問いのグループを決定します。

対話の進行も、哲学対話では非体系的に発散しがちですが、哲学シンキングはステップ3で発散と収束を繰り返し、議論を体系的に構成していきます。特に、意図的なリフレーミングを通じて根本的な課題やインサイトを発見する手法は、哲学シンキング特有のものです。

私自身は両者を目的や場面に応じて使い分けています。ビジネスシーンでは主に哲学シンキングを用いる一方、哲学対話は中高生や大学生などに向けた教育の場面で実施したり、社会人向けでは自由に対話する交流の場面などで使ったりしています。転職活動中の方向けのサービスで、転職において何を重視するのかについて気づきを得る哲学対話を実施したこともあります。

哲学対話と哲学シンキング、それぞれの長所と短所を理解し、目的に応じて適用していくのがよいでしょう。

第3章

哲学シンキングを導入した企業事例

企業でのケーススタディ

前章では、哲学シンキングのメソッドについて解説しました。本章では、ビジネスの現場にどのように導入できるのか、そしてどんな変化や成果があるのかについて、実際の企業での事例をご紹介します。

もともと哲学シンキングが大手企業やメディアから注目されるようになったきっかけは、六本木アカデミーヒルズでの講演です。その講演をきっかけに数々の企業の方々が興味をもってくださいました。また、「哲学シンカー養成・認定講座」では、哲学シンキングの手法を私が教える一方で、ビジネスの現場への適用についてさまざまなフィードバックをいただき、メソッドはより実践的なものになっていきました。

これから紹介する事例をみて、ぜひ読者のみなさんにも日々の仕事に取り入れていただきたいと思います。

最初に、当社のクライアント企業である日本電設工業の実践例をご紹介します。続いて、哲学シンカーとしてもご活躍されている3名の方の事例をご紹介していきます。

CASE

1

組織における対話文化の仕組み化

Profile

日本電設工業株式会社

1942年、鉄道電気設備工事の専門会社として設立。現在は一般電気工事や情報通信工事まで幅広く事業展開している。社員数は約2500人。日本全国の新幹線や在来線、地下鉄、モノレールなど、あらゆる鉄道の電気設備の工事をはじめ、駅ビルや全国各地の大型商業施設、オフィスビル、官公庁、医療・教育機関、空港・高速道路などさまざまな建物の建設・改修などの事業を行っている。

働き方改革と女性活躍推進とは何か

以下でご紹介するのは、2019年から当社が携わってきた「働き方改革」の推進として依頼を受けた事例です。

最初の相談内容は、特に働きやすい職場の実現や女性活躍推進です。なかなか有給休暇がとれなかったり離職したりする人がいるという問題や、女性管理職育成に向けて今以上に主体性や出世欲をもってもらうにはどうしたらいいか、という問題でした。

相談時点では有給休暇を奨励し、社内ポスターや社内報で周知したり、女性の育休を取りやすくしたり、もっと会議で積極的に発言できるようになってもらうために女性社員が集まって議論する研修を実施したりする施策を行っていたそうです。

しかし、こうした施策が本当に働きやすい職場や女性活躍を実現できているのか確信がなく、十分に効果も出ていないという悩みを抱えていました。

会社としても、ともに仕事してきた社員が離職してしまうことは大きな損失だと考えていました。また、女性が管理職として活躍できる会社に変えていきたいという明確な方針がありました。

こうした課題があるなか、哲学シンキングのプロジェクトでは、「そもそも働き方改革とは何か」「女性活躍とは何か」、さらには「休むとはどういうことか」などのテーマで複数回のワークショップを実施することからスタートしました。

ステップ1で挙がった問いのいくつかは、次のようなものです。

第1回 「働き方改革」に関する問い（一部抜粋）

1. 働き方改革のゴールとは何か？
2. 働き方改革は人によって違うのか？
3. 休みを増やすことは働き方改革といえるのか？
4. 働き方改革は本当に幸せにつながるのか？ そもそも幸せとは何か？
5. どうしても働き方改革から漏れてしまう人もいる。そういう人に何ができるか？

第2回 「女性活躍」に関する問い（一部抜粋）

1. 昇進すること＝活躍なのか？

2. 男性の活躍と女性の活躍は同じなのか、違うのか？
3. 女性の活躍による男性の働き方への影響はあるのか？
4. 活躍しているかどうかを誰が決めるのか？
5. そもそも何をしたら活躍になるのか？　自分がそう思ったらよいのか？

第3回　「休むとはどういうことか」に関する問い（一部抜粋）

1. どういう状態を「休み」と捉えるか？　身体的な休み？　精神的な休み？
2. 人はなんのために休むのか？
3. 休暇をとっても本当に休みになっているのか？
4. そもそも、なぜ休むのがよいことなのか？

ここで挙げた問いは一部抜粋にすぎませんが、さまざまな視点の問いから掘り下げていくことで、誤解や偏見を取り除き、本質的な課題を掘り当てたり、自社の目指すべき姿を言語化したりしていきます。

本音のコミュニケーションの必要性と活躍像の見直し

問いのグルーピング、議論の組み立て、視点の転換といった、前章で解説したステップを踏んで対話し、問いを深めていくなかで、より本質的な課題が見出されていきました。

例えば、有給休暇を奨励され、自分が休めるときがあったとしても、上司や同僚が現場に出ているのに休むわけにはいかない（チームで働いているから休むのに負い目を感じる）という意見が出てきました。一方で、実は多くの人が同僚や部下に対しては休めるときは休んだらいいと思っていたり、上司は休むように言ってくれるが、上司が休まないと部下は休みづらいから率先して休んでほしいと思っていたりすることがわかってきます。

なかなか休みがとれないことは会社も把握していましたが、そもそも休めるタイミングがあっても、互いに気をつかいあってみんなが休みづらい雰囲気が作られているという課題が浮き彫りになってきたのです。ここには本音を語り合うコミュニケーション不足が課題として浮き上がっています。

女性活躍についても、女性の育休取得率はここ数年100%に上がっており、十分に満足しているという意見が出る一方、本当の女性活躍は男女ともに育児することで達成されるのではないかというさらなる問いが出たり、男性による育児を支援する企業こそ、働き続けたいと思えるといった意見が出たりしてきました。

とりわけ女性の活躍像に関しては、積極的に試験を受けたり管理職への昇格意欲を求められたりするけれども、自分が管理職を務めるイメージが湧かないといった意見や、逆に、チームやプロジェクトを牽引する女性管理職は理想的な活躍像だという意見も出てきました。

解決策――「社内哲学シンカー」と仕組み化

こうした新たな問いや考えが出てくるなかで、再設定すべき真の課題と解決策も明確になっていきました。

もともとは、女性社員対象の研修や育休取得率の向上が会社の施策として行われていましたが、むしろ、本音で語り合うコミュニケーションの機会を作ることや、活躍像や働きやすい職場を男女ともに考えていく場を作っていくべきだという形に変わっていったのです。

その結果、女性社員の方々にファシリテート方法を習得してもらい、ワークショップを実施するという施策に至りました。

当初、当社のメンバーがファシリテートして、参加者が自発的思考を鍛える研修を依頼されていたわけですが、**発想を逆転させ、社員の方々がファシリテートすることで管理職の擬似体験をするとともに、管理職に必要な傾聴の姿勢や議論を進行する力の向上を目指した**のです。

テーマも「理想の活躍像」や「ストレス」などについて、部署や役職の垣根を越えて本音で語り合う仕組みを内製化しました。

普段の業務では話す機会がないテーマについて対話する場を定期的に設けることで、異なる部署や世代間のコミュニケーションの活発化、エンゲージメントの向上に結びついていきます。

「育休」をテーマにした際には、実は男性社員の多くも育休を取りたいことが共有されて、「本音では男性も同じことを考えているんだ」と安心する女性社員もいました。

ファシリテーターが対話内容の課題を分析したり、改善策を提案したりする仕組みを整えることで、ボトムアップで社員の思いを組織内に反映させていくことができます。

当社はアドバイザーとして分析のサポートや改善策の助言をしていますが、先輩ファシリテーターが後輩ファシリテーターにアドバイスできる仕組み化を進めたことで、自律的に対話・思考する組織の仕組みができつつあります。

成果――主体的な行動への変容と組織内の自己変革

このような取り組みは目に見える成果がありました。哲学シンキングのワークショップに参加するだけでも物事を深く考える研修になりますが、ファシリテートする側は、自ら主体的に参加者の発言を促したり、議論を整理したりしなければなりません。

会議での発言が少なかった人もワークショップの最中はもちろん、事後の打ち合わせの場でも物怖じせずに自らの分析・見解を話すようになったり、出席が任意であるにもかかわらず、他のワークショップへの参加を自発的に志願したりするようになっていきました。

こうした劇的な変化に驚いたのは、人事部の方々です。「彼女たちの努力不足だったわけではない。私たちが今まで活躍する場を提供できていなかっただけだった」と語ってくださり、今後はファシリテーターの活躍を後押ししていきたいと、自分たちこそが変わっていくべきだというふうに考えが変化していったのです。

会社全体としても、部署や支社間の垣根を越えて、日々の業務改善に活かせるかたちで対話文化が仕組み化された結果、ファシリテーターという新たな活躍の場が女性社員にもできたことになります。同時に、男女ともに活躍できるモデルを考えるという方針に切り替えたため、以降は男性のファシリテーターも養成することで、ジェンダー平等になりました。

男性育休取得率も、2019年度はわずか1・6%だったのが、2022年度には37・2%（育児目的の休暇取得も含む）に上がり、2023年度中に50%を達成するという目標を掲げています。

「働き方改革」の推進(働きやすい職場の実現や女性活躍推進など)

問題点

・現場仕事があるため、なかなか休みがとれなかったり離職したりする人がいる
・会議であまり発言しない女性が積極的に発言してくれるようになったり、女性管理職が増えたりするにはどうしたらいいか

従来の施策

・有給休暇を奨励し、社内ポスターや社内報で周知
・女性の育休を取りやすくしたり、会議などで積極的に発言できたりするようになる研修

悩み

・本当に働きやすい職場や女性の活躍を実現できているか確信がなく、十分に効果が出ていない

⇩**哲学シンキング**

真の課題

・自分に休めるタイミングがあっても、お互いに気をつかって休まない
・本音では、周りは休めるときに休めばいいと思っている
➡本音のコミュニケーション不足

・本当の女性活躍は男女ともに育児することで達成されるのではないか。つまり、男女ともに活躍像を考えていく必要があるのではないか
・管理職への昇格意欲を求められるが、自分が管理職を務めるイメージが湧かない。でも、チームやプロジェクトを牽引できる女性管理職は理想的な活躍像だという意見
➡男女ともに活躍像を考え、策定する機会の設置
男性の育休取得率の向上
管理職の疑似体験も兼ねたファシリテート研修

新しい施策

・(当社メンバーではなく)女性社員ファシリテーター養成と、働きやすい職場や活躍像について男女ともに考える対話文化の醸成
・対話結果を組織に反映させていく仕組み化と、ビジョンブックや全社的な対話ワークショップを通じた社員への内面化と浸透

組織力とポテンシャル

会社として「よい職場環境を作りたい」「すべての社員に活躍してほしい」という思いがあっても、そうした理想的な組織を目指すには、会社と社員の思いを一致させることが必要です。

これは第1章で述べた、本当によいことの追求でもありますし、その企業が宿していたポテンシャルを活かすことでもあります。

本事例は、課題について社内で哲学的に対話する場と機会を設け、仕組み化することで社員間の本音のコミュニケーションが活発化したり、女性活躍の場ができたりしたことになります。それは、**もともと実力があったにもかかわらず、発揮できずにいた人のポテンシャルを活かす施策だった**とも言えます。個々人の意識や行動が変わっていくには、その人を取り巻く環境と機会を変えることが最短距離となることもあるのです。

本事例に限らず、「同じ言葉でも関与者同士で理解しあえていない」ということは多々あります。ＥＳＧやＳＤＧｓの取り組みとして、働きやすい職場環境を実現しようとしたり、女性管理職・役員を増やそうとしたりしている企業は多いことでしょう。

しかし、果たして本質を捉えた取り組みになっているかどうか、哲学的に掘り下げる必要があります。

女性管理職や役員の増加は目に見える数字に表れますが、例えばプライベートが犠牲になるなど、望まずして役員や管理職になる人がいたら、とても女性活躍を推進しているとはいえないでしょう。社会課題への取り組みも、課題を見誤ってしまうならば、真の問題解決とはいえません。

ここで紹介した成果はほんの一部ですが、いまでは社長を含め役員や経営企画本部とも連携しながら、全社員が自社の存在意義（パーパス）や経営理念を自分事として感じられるような浸透・内面化の施策にまで発展しています。**表層的ではなく、哲学的に掘り下げて自社の魅力や存在意義を共有することで、会社へのエンゲージメントが高まり、自分の仕事に誇りと使命感をもって取り組める**ようになります。

近年求められているウェルビーイングや働きがいの向上も、小手先の解決策ではなく、哲学の次元まで深めた本質的な取り組みが行われるべきではないでしょうか。

私はこうした組織風土改革・人材育成において、自身の専門分野であるプロセス哲学や経営学理論の一つ、ＳＥＣＩモデルなどを参照しています。第４章では、この点について述べつつ、専門的な哲学の実践についても紹介したいと思います。

CASE

2

物事の本質を捉え、新たな視点・価値を生み出す

Profile

株式会社セールスフォース・ジャパン

プリンシパル・ビジネスアーキテクト

平塚博章氏

1999年、日立グループでITコンサルティングに従事。2006年、日本IBMで日本や世界を代表する大手企業の業務改革やイノベーションを支援。2022年より、株式会社セールスフォース・ジャパンに在籍。企業の経営層やリーダーと、ビジネス構想策定や業務改革による人や組織の「意識→行動→結果」変容を伴走支援中。

これまでにない思考法の体験

私はソフトウェア・エンジニアリング会社でＩＴコンサルタントを務めたあと、ＩＢＭに所属し、20年以上、日本や世界を代表する大手企業をクライアントとして、ビジネス変革や業務改革を支援してきました。現在はセールスフォース・ジャパンでさまざまな企業の経営層やリーダーと、ビジネス構想策定や業務変革・新規事業の創造を支援しています。

企業の要望の多くは「問題の発見・解決」、あるいは「新たな価値づくり」の二つで構成されています。私はその要望に「ＩＴなどのテクノロジー」を活用し、どうすれば人や組織がそれらを実践しながら継続的な進化を続けられるかという問題意識のもと、人や組織の「意識→行動→結果」の変化を促す「意識変容からの行動変容」を支援しています。

つまり、「**捉え方や考え方が変われば行動が変わり、行動が変われば価値や成果が変わる。行動の変化が結果に結びつく**」ということです。

その一方で、コンサルタントとして「隠れたインサイト（潜在的かつ重要な問題・価値・視点など）」を発見するための思考法の探索や探求を継続し、メソドロジー（手法）の開発を含めてビジネスで活用してきました。

「**どうすれば期待を超える新しい価値を再現性高く生み出せるのか**」という重要テーマに対して、「現場の行動を観察する」「対話・体験を通じて本人さえ気づいていない隠れたインサイトを見つける」など、いろいろな手法を試しました。

しかし、「世界観を拡張し再現性を高める」方法は、現存するさまざまな思考法やメソドロジーでは体系化されておらず、これらを単体あるいは組み合わせて活用するだけでは限界があると感じていたのです。

そんななか六本木アカデミーヒルズで、「哲学シンキング――デザイン思考を超えて」というタイトルでセミナーがあることを知りました。実は当時、私はデザイン思考も継続的に実践・指導していたので、「何？　デザイン思考を超える？　そんなわけないだろう。もし一つでも嘘偽りがあったら講師を問い詰めてやろう」というくらいの意気込みでセミナーに参加したのです。

ところが、実際に哲学シンキングを体験してみると、確かにいままでの思考法のアプローチとは違いました。これまでの思考の限界を大きく超え、強化できる。むしろ、哲学シンキングはデザイン思考などのさまざまな思考法やメソドロジーと補完関係にあるのではないか。**デザイン思考では触れていない、「世界観の拡張の仕方」や「本質の捉え方」を明確に体験できた**のです。

やはり考え方やアプローチが変われば、物事の捉え方や行動が変わります。いま私は、哲学シンキングをプロジェクトやコンサルティング、クライアントとのコミュニケーション、コーチングだけでなく日常的にも活用しています。

隠れたインサイトを発掘し、構造化する

例えばあるプロジェクトでは哲学シンキングを活用した結果、「隠れたインサイトを発掘」し、簡単に再現できる「構造化」に成功しました。

某大手金融グループでは、銀行、クレジットカード、保険など、さまざまな事業を展開しています。そのグループでは、どうすればグループシナジーをより高めることができるかが課題でした。

銀行としてはお金を銀行口座に預金するだけでなく、資産形成にも関心をもってもらいたいし、クレジットカードの利活用にとどまらず、たまったポイントを資産形成のための投資にも回してほしい。さらにキャッシュレスの推進もしてほしい。

そこで、スマホアプリやウェブサービスを利用してグループ全体のサービス利用率を上げ、お客様のロイヤリティを高めようということになりました。

問題解決の一つとして、**「もったいない」という言葉を哲学シンキングで深掘りしてみたところ、さまざまなアイデアが出てきた**のです。

それまでは単発の施策アイデアしか出ない状態でした。例えば、「入会すれば500ポイントプレゼント」というような、お客様にメリットを与える施策しか考えつきません。しかし、ポイントプレゼントのようなキャンペーンを行っても、ポイントを稼ぐ人たちの餌食になるだけ。

その点、「もったいない」という概念は既存ユーザーに働きかけるだけでいいので、新規ユーザーにアプローチする必要もありません。

私は「もったいない」を構造化することで図のような条件に分解することができました。

例えば紙の明細書を送付する人には、数十円の手数料を取るなど「ペナルティ」を設定

「もったいない」の作り方

もったいないと感じる対象者	本人	家族・友人・知人	
権利	すでに得ている権利	これから得られる権利	
メリット変化	メリット減少	メリット消滅・失効	ペナルティ発生
もったいないと感じる出来事発生時期	過去	現在	未来
対応	回避・対応不可	今、できる	これから、できる

＋

前提条件	価値があると感じている	自分で行動・行使できる	希少性がある（〇〇限定）

する。あるいは、「いま27000ポイントもたまっているのに、あと何ヵ月で失効してしまいますよ」「スタンプが10個たまれば割引に使えるのに、7個たまった時点で放置していますね。あと3つで達成できますよ。1週間後にせっかくたまったスタンプカードが失効してしまうのはもったいなくないですか」など、「このままではもったいない」ということをアピールする。

人間はメリットを得ることよりも、デメリットを回避することに熱心になります。「得をしたい」というよりも、「損をしたくない」という感情のほうが人間の生存本能を刺激するため、具体的な行動を促しやすいのです。

つまり、「会員になれば10%オフですよ」とメリットを主張するよりも、「このまま手続きしないと2000円損しますよ」というように、利益を失うことを強調したほうが人間は行動します。

その金融グループにとっては、「損失回避」という視点を得ただけでも収穫だったと思います。

「ワクワクする○○」を量産するには？

このようなインサイトを、哲学シンキングを使ってどのように見つけたのか、具体的にご紹介しましょう。

あるとき私は、某大手企業で「ワクワクする働き方とは何か」という議論をしたことがあります。その企業の担当者は、役員から「ワクワクする働き方を考えなさい」と命じられたのですが、何を提案しても「これじゃない」といってダメ出しの繰り返しだったそうです。

そこで私は、「ワクワクとはそもそも何か」「再現性を高めるための構成要素や条件」などを含め、もう一度考えてみましょうと提案しました。

私たちはなんとなくわかったつもりで「ワクワク」という言葉を使っています。辞書で調べれば表層的な意味は載っていますが、しかしそれだけではワクワクの本質を捉えることはできません。

もし「こういうときに人はワクワクする」「この条件がそろえば人はワクワクする」ということがわかれば、いつでもワクワクした状況を再現できるはずです。

さて、ワクワクとはいったいどういう気持ちでしょうか？

ある人は「何かいいことがありそうだけど、全貌が見えていない感じ」、またある人は「未経験のことをこれから経験するのだという楽しみな感じ」と言いました。確かにそのとおりです。では、もう一歩掘り下げて考えてみましょう。

未経験のことをするときにワクワクする気持ちはわかります。でも、本当に未経験のときにしかワクワクしないでしょうか？

例えば東京ディズニーランドに行ったことがある人でも、また行くときはワクワクするのではないでしょうか。それはなぜでしょう？

哲学シンキングのエッセンスが体験できる簡略版のアプローチでは、次のようなステップで考えていきます。

①どんなときにワクワクを感じるか？【一次情報＝個人的実体験】
②ワクワクしたときの状況は？【状況】
③そのとき、なぜワクワクしたのか？【理由】

④ワクワクする「時・条件」は？【時・条件】
⑤ワクワクの反対語は？【反対語】
⑥ワクワクと似ている言葉は？　違いや共通点は？　「ドキドキ」とは何が違うのか？
共通点はないか？【類義語／違い／共通点】
⑦ワクワクの構成要素は？【構成要素】
⑧10年前といまと比べてワクワクの意味は異なる要素があるのか？【変化や進化】
⑨以上のことより「ワクワク」の定義は？【定義】

ワークショップなどで哲学シンキングを行う場合、私は参加者の個人的な体験や感覚について質問するところから始めます。

「例えば○○さんが最近、ワクワクしたことはありますか？」

「そうですね。自分好みの洋服や雑貨が置いてあるお店を見つけてワクワクしました」

「私は自分の手掛けた商品ができあがってきて、それを手に取ったときですね」

など、いろいろな意見が出てきます。それを参加者全員で共有し、意見をどんどん言ってもらいます。

「自分はどういうときにワクワクするか」というような個人的な一次情報をシェアしたり、

状況を詳しく聞いたりすると、感情がよみがえってくるでしょう。

私たちは「行動・発言・データ」といった実務的なことを重視しがちですが、本当はそのときどんな「**体験**」**があり、どのような**「**気持ち**」**になったか、**「**感情**」**も含めて考えたほうがいい**と思っています。なぜなら人間は結局、感情で動く生き物だからです。

ワクワクとは何かという「定義」は、このような話し合いの末、最後にたどり着くべきところです。

しかし私たちは往々にして、最初に定義を探してしまいがちです。辞書やネットに載っているようなことをインサイトとしてしまうと、ほかの企業でも同じことができてしまうため価値はありません。自分たちの内面から出てきた答えだからこそ意味があるのです。

「**ワクワクとは何か？**」**というような問いには即答できないはずです。でも、だからこそじっくり考えてもらう**「**意義ある遠回り**」**をする思考・プロセスが重要なのです。**

ワクワクの類義語である「ドキドキ」との違いについて考えてみてもいいでしょう。

「ワクワクはいい期待だけれど、ドキドキは悪い期待も含むかな。でもよく〝ワクワクドキドキ〟というように、セットで使われますね」

「未経験でワクワクするときもあるけれど、ドキドキのほうが勝るときがありますね」

「ドキドキするときは何か不安要素があるのかも」

こういう意見が出てきたら、こんなふうに問いかけます。

「恋愛で考えると、どういうときにドキドキして、どういうときにワクワクしますか？」

「そうだなあ、ワクワクはこの先の二人の関係性に期待しているとき。ドキドキはもう少しその手前で、何が起きるかわからないときじゃない？」

こんなふうに整理していくと、ワクワクするのは相思相愛のときで、ドキドキするのは相手の気持ちがまだわからないときだと定義できます。

さらに深掘りしてみると、ワクワクしている瞬間というのは、いま起きていることにワクワクしているわけではありません。いいことが起きそうな未来を想像しているときです。

まとめると、**「ワクワク」とはその瞬間ではなく、ある事象が起き、それに伴い、その後継続的に発生する不確かなプラスの出来事への期待（価値）を想像している進行形の感情**ということになります。

つまり「ワクワクする〇〇」とは、「それを見たり体験したりすることで、この先こんなうれしいことが起こるかもしれない」「あんな楽しいことも起こるかもしれない」と期待を抱ける一方で、「自分にとってマイナスの出来事は起こらない」と安心できるときなのです。

このようなサービスや機能を設計すれば、それは「ワクワクする○○」を再現性をもってつくれるということになります。

この結論をクライアントにお伝えしたところ、「いままで何度も役員にダメ出しをされてきたけれど、これでどんな条件をそろえればいいかがわかったので、ワクワクする働き方を具体的に考えていけます！」と喜んでもらえました。

その後、このクライアントがどんなふうに「ワクワクする働き方」を設計したのかはわかりませんが、もし私だったらこんなことを考えてみるでしょう。

例えば、オンラインでもオフラインでも、週1回ミーティングをするとしたら、いつものメンバー以外にもスペシャルゲストを招いてみる。みんな「今回のゲストは誰かな」とワクワクするでしょう。

あるいは、仕事仲間のあいだで使うＬＩＮＥスタンプをつくってみる。私は実際につくったことがありますが、いろんな想定外のことが起きました。ＬＩＮＥスタンプというのは、自分が送ったスタンプはスマホ画面の右側に表示されます。でも受け取った人には左側に出る。左右逆転される仕様に気づいたのは、実際にリリースしたあとです。

こんなふうに期待を超えたり、想定外の不確かなことが起きて臨機応変に対応する改善プロセスもワクワクしますね。

呼吸をするように使いたいポータブルスキル

哲学シンキングはとても汎用性の高い思考法です。私たちは何も考えずに呼吸していますが、**無意識に哲学シンキングを使っている状態を目指してほしい**と思います。

正直にいうと、私はコンサルティングをするとき、「哲学シンキング」であれ、「デザイン思考」であれ、ほかの思考法であれ、メソッドの名前は口にしないようにしています。新しいアプローチを提案すると、いままでの自分のやり方を否定されるかのように捉えてしまう人は少なくないからです。

したがって導入するときの秘訣は、まずは体験してもらうこと。あえて哲学シンキングの名前は出しません。先入観をもたれるのを防ぐためです。

私の解釈した**哲学シンキングは、言葉や対象の意味、意義を考え抜き、世界観を拡張し、本質の探究を通じて新たな視点・価値を獲得するポータブルスキル**です。

なぜ言葉の意味に注目するかというと、どんな課題にもテーマやキーワードがあるからです。「働き方を○○にしたい」「社員の○○を高めたい」「○○なビジネスをつくっていきたい」……。

それについて考えるとき、哲学シンキングでは世界観を拡張したり、本質的な価値を見つけ出したりするための具体的な考え方やアプローチが定義されています。

いま私たちを取り巻くビジネス環境は変化が激しく、さまざまな二極化現象が拡大しています。いろいろなものが「グレイト・リセット（ゼロベースでの再定義）」されている時代です。自動車が自動運転に変わったり、オフィスにも毎日出社しなくてよくなったり、あらゆるものがゼロ・リセットされている。

つまり、「これからのオフィスとは?」「これからの自社の存在意義や価値とは?」「これからの自分のあり方・キャリア・人生とは?」といった、「これからの○○」について考える必然性がこれまで以上に高まっています。だからこそ哲学シンキングが注目され、重要性を増していると実感しています。

CASE

3

アイデア発想を強化するビジネススキル

Profile

トリプルデザイン株式会社
代表取締役兼デザインエバンジェリスト
三上龍之氏

1985年4月、株式会社東芝入社。同社デザインセンターおよび新規事業会社でプロダクトデザイン、インターフェースデザイン、コンテンツデザイン、サービスデザイン、ビジネスデザインなどを担当。以降、さまざまな事業でのデザインマネジメント、デザイン戦略・方法論・人材開発などに従事し、2022年11月より現職。

世の中の変化に合わせ、デザインアプローチとデザインスキルを進化させる

昨今、多くの企業でデザイン思考やデザインマネジメントが注目されています。ビジネスの現場でデザインを活用する取り組みがある中で、私が哲学シンキングをどのように導入しているのかについて触れていきたいと思います。

私はデザイン学科を卒業したあと、電機製品の色や形をデザインするプロダクトデザイナーとして東芝に入社し、テレビの筐体デザインや、リモコンを押したときに表示される画面デザインなどを担当しました。その後、DVDソフトを制作・販売する会社や、衛星放送とインターネットを融合したコンテンツ配信プラットフォーム会社に出向して、映画や音楽、ゲームなど、いろいろなコンテンツを制作する仕事を手掛け、「モノづくり」から「コトづくり」、つまり体験やサービスのデザインをするようになりました。

その後、東芝に戻り、携帯電話や医用機器、エネルギーや社会インフラなど、さまざまな産業分野でデザインをどのように組織の中で実践していくかという仕組みや戦略をつく

るデザインマネジメントに携わりました。ここ数年は、デザインやデザイン思考を全社に浸透させる取り組みにも携わっています。

「美大卒のデザイナーがやるデザインと、デザイナー以外の人たちがやるデザイン思考はまったく別物だ」という見方もありますが、両方をやってみると、課題を発見して、それを試行錯誤しながら解決していくところは共通です。

東芝を退職し独立した現在も、東芝をはじめそのほかの企業・個人に向けて、デザインを拡げていく仕事を継続しています。

東芝では世の中の価値創造のパラダイム変化に合わせ、デザインアプローチとデザインスキルを体系化し、強化しています。

それは次頁の図にまとめたとおり、これまでの東芝が提供する製品のデザインから、「顧客（カスタマー）が実現する価値（バリュー）のデザインへ」という意味を込め、「カスタマーバリューデザイン®」と呼んでいます。

これまでは製造業として、モノそのものの価値を追求した従来型のモノづくりと、高度に効率化された分業体制の中で、「匠のデザイン」とでもいうような、卓越した職人技に基づくインサイドアウトのアプローチをとってきました。その後、モノそのものに価値が

価値創造のパラダイム変化と
デザインアプローチ／デザインスキルの進化

	価値の源泉 目的となる価値 メタファー 特徴	アプローチの特徴 デザインの主体 活動の特徴	デザインスキル 意識の焦点
これまで 従来型のモノづくり	モノ モノそのものの価値 競争／戦争 (戦略・戦術) 獲得・所有・独占	モノに対するアプローチ 匠のデザイン 卓越した職人技 分業の中で意匠を凝らす	個人の創造性 自分との闘い (インサイドアウト)
このところ UXデザイン／デザイン思考	モノ＋コト 使用したときの経験の価値 おもてなし／ギフト サービス・利他	人間中心アプローチ チームのデザイン 得意なことを持ち寄る 専門家が協働する	共創・協働の基礎スキル 他者との共感 (アウトサイドイン)
これから カスタマーバリューデザイン®	モノ＋コト＋つながり 関係性や信頼による価値 システム／生態系 共有・共生	包括的・全体的アプローチ みんなのデザイン 全員が全能力を発揮する 関係者で価値を共創する	ビジョンと意味の共有スキル 自他を超えた システム発想

資料提供：株式会社東芝　CPS× デザイン部　

あるのではなく、モノを使ったときの経験（UX：User eXperience）にこそ価値があるのだと考えられるようになりました。

つまり、モノではなく、人間を中心に据えたデザイン思考のようなアプローチが導入され、他者との共感に基づくアウトサイドインで、専門家の協働による「チームのデザイン」に変化したのです。

さらにこれからは、プラットフォームやビジネスエコシステムの中での、自他を超えたオープンなシステム発想に基づく「みんなのデザイン」という包括的・全体的アプローチが必要になってきています。

これらは排他的に遷移するのではなく、レイヤーが増えるように多層的に拡張されるべきもので、匠のデザインに必要な「個人の創造性」、チームのデザインに必要な「共創・協働の基礎スキル」、みんなのデザインに必要な「ビジョンと意味の共有スキル」は、今後も個人・組織の両方を磨いていく必要があり、育成のためのカリキュラムを体系的に整理しています。

マインドセットとリテラシーを支えるスキルを整理する

一般的なデザイン思考は、「解決すべき課題は何か（課題発見）」と、「いかに解決するか（課題解決）」という発散と収束のプロセスですが、**東芝ではこれに「なぜプロジェクトに取り組むのか」「誰の課題を解決するのか」を明確にして共有する「ビジョン共有」のプロセスを独自に追加**し、それぞれの事業の中で展開を図ってきました（次頁の図参照）。

一方で、長年、データに基づき失敗を極力排除する「シックスシグマ」というビジネスマネジメント手法も実践していました。徹底的にムダを省き、高度に効率化された分業体制に根ざす企業文化は、失敗を繰り返し、そこから学ぶデザイン思考とは真逆の考え方だったため、必ずしも相性がいいとはいえず、組織的に定着したともいえませんでした。

その教訓から、これまでのやり方との差分をマインドセット（心構え、考え方、価値観）とリテラシー（所作、態度、作法）として明文化しました。

ここに挙げたこととは真逆のことが社内では常識とされていたため、なかなかうまく切り替えられませんでしたが、社内教育などで地道に共有していくことで、徐々に問題意識

カスタマーバリューデザイン®のプロセス

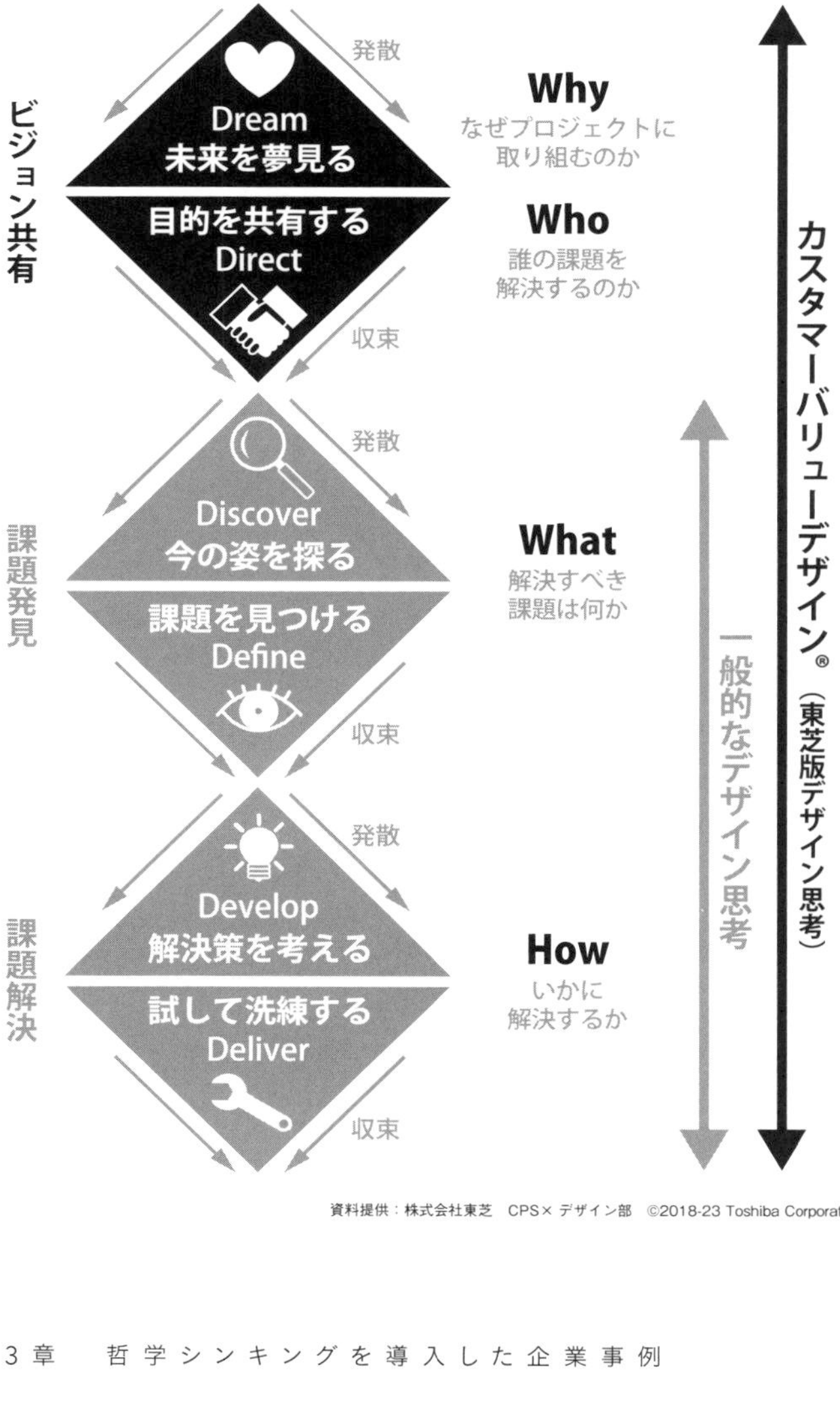

資料提供：株式会社東芝　CPS× デザイン部　©2018-23 Toshiba Corporation

も芽生え、デザイン的な取り組みの必要性や重要性が理解され始めてきました。

これらのマインドセットとリテラシーを支えるために、匠のデザイン、チームのデザイン、みんなのデザイン、それぞれに必要なつくるスキル（可視化力・独創力）、考えるスキル（洞察力・説明力）からなる、全社に必要なデザインのスキルセットを整理しました（次頁の図参照）。

初めてデザイン部門に参加するメンバーには、主観的・客観的に確認して研鑽のきっかけとするため、30日間60講座の「デザインブートキャンプ（Design Boot Camp）」を、中堅・ベテラン社員にはリカレント教育としての「デザインリブートキャンプ（Design Reboot Camp）」を実施しています。

これらのデザインスキルは、デザイン教育を受けた狭義のデザイナーだけでなく、全社員に必要なスキルであると考え、デザイン部門以外のメンバーに向けた公開研修や幹部候補生研修などへの導入も進めています。

全社に必要なデザインのスキルセット

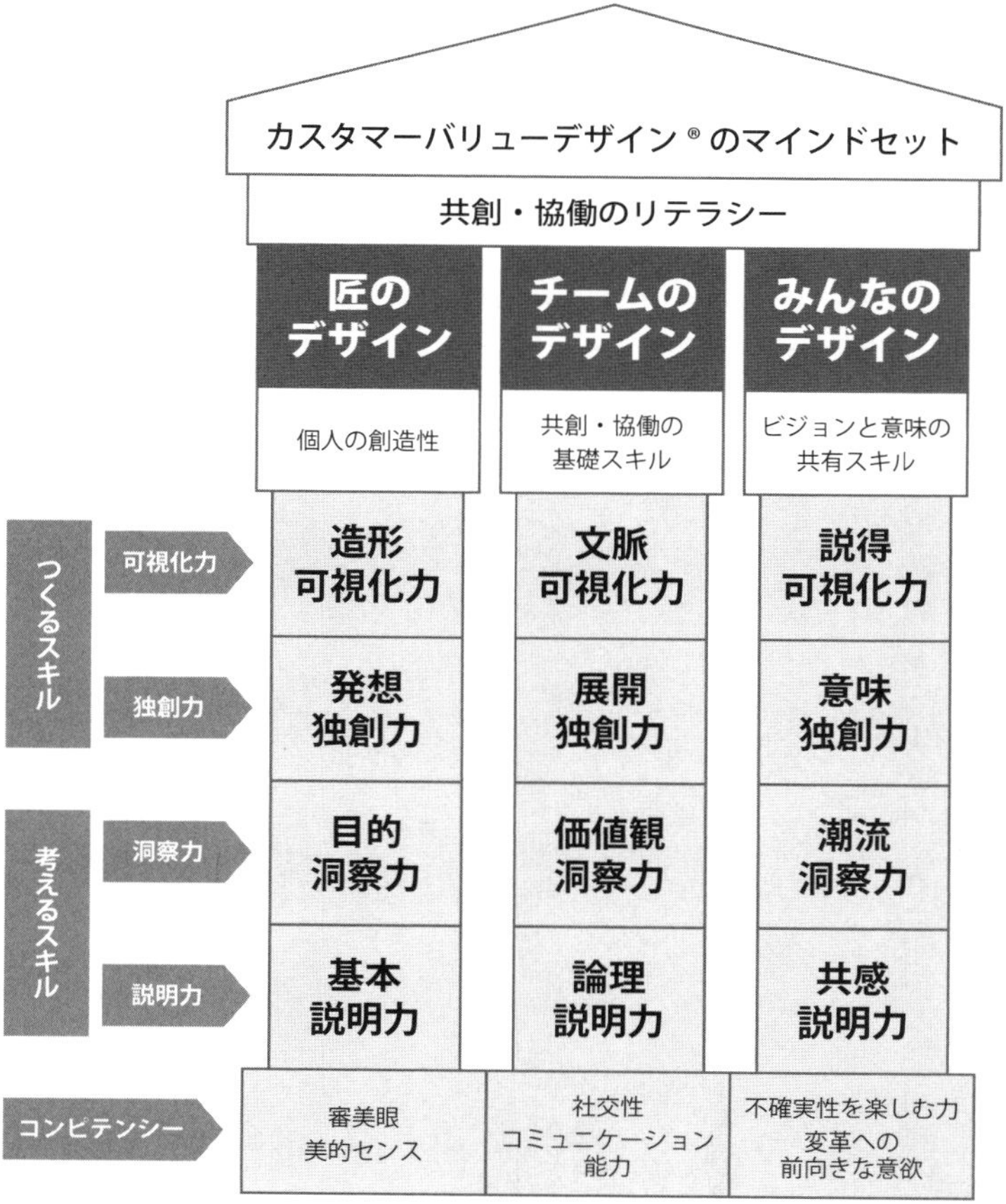

資料提供：株式会社東芝　CPS×デザイン部　©2018-23 Toshiba Corporation

哲学シンキングの三つの活用法

以上のようなデザイン、デザイン思考、デザインマネジメントを統合した取り組みの中で、私たちは哲学シンキングを次の三つの目的で活用しています。

①デザイン思考プロセスの補完
②スキルセット強化の一環
③アイデア発想の補強

カスタマーバリューデザイン®では、哲学シンキングを「ビジョン共有」と「課題発見」プロセスで補強的に活用しています。

ビジョン共有のためのプロジェクトのスコープ拡大、前提の共有、課題発見のための真の課題の追求とリフレーミングなどを意図し、グループワークによる対話の中で前提を遡り、本質的な問いを突き詰め、当たり前を疑う思考のフレームを拡張する活動です。

「ビジョン共有」「課題発見」プロセスで哲学シンキングを補強的に活用

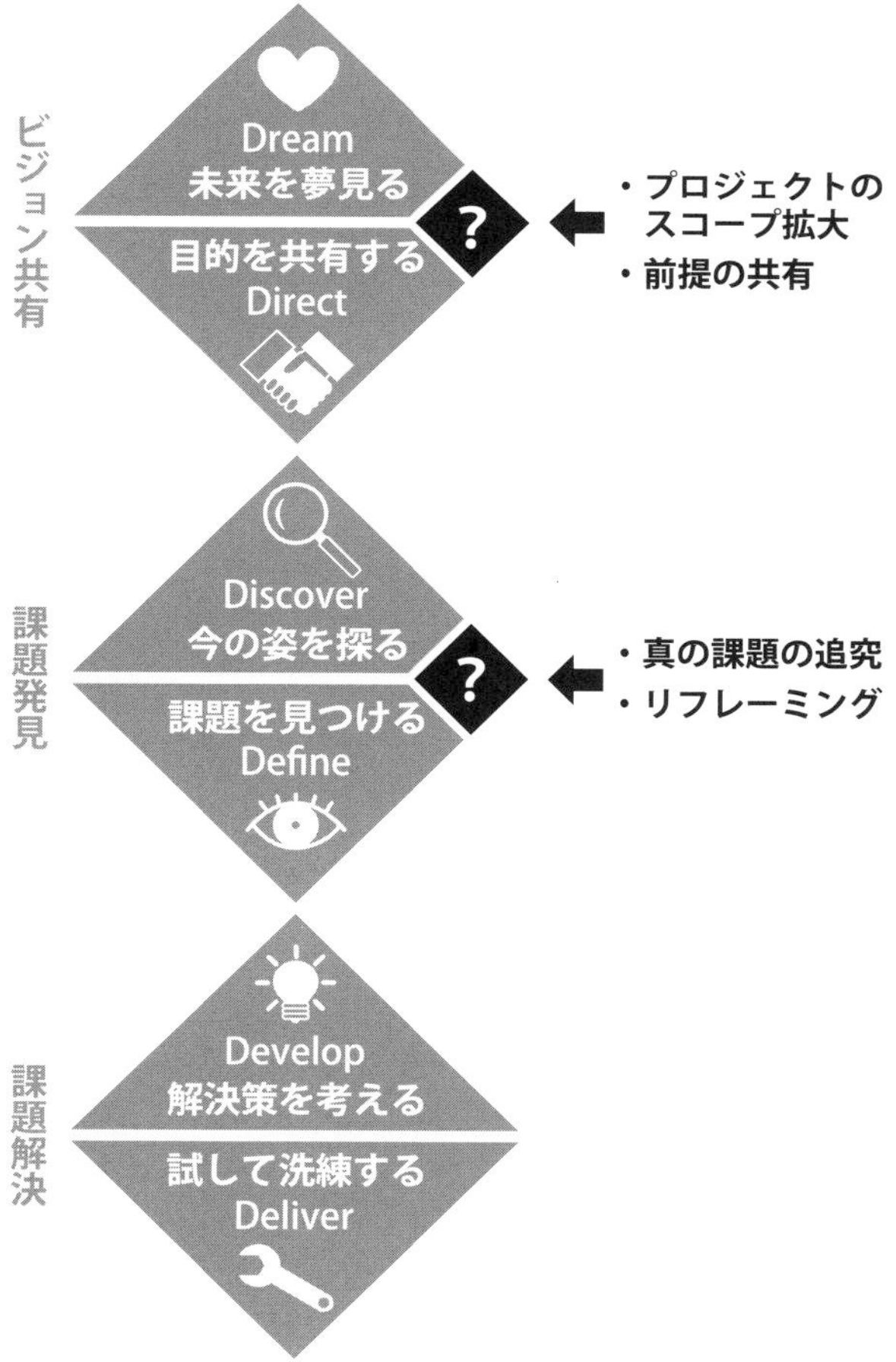

資料提供：株式会社東芝　CPS× デザイン部　©2018-23 Toshiba Corporation

ビジョン共有のステップでは、「そもそも誰がどうなるとみんなうれしいのか？」と考えて、根本的なビジョンを共有してから次の課題発見、課題解決のステップに進みます。

そのとき、**「そもそもこれって、こういう前提でよかったんだっけ？」というように脇道にそれてとことん話してみると、意外な意見が出てきたりして、プロジェクトのスコープが拡大する**こともあります。


「そもそも世の中はこれからどうなるんだろう？」

「いま、温室効果ガスの排出に規制がかかっているけれど、牛のゲップからはメタンガスが排出されるから、このままいくと動物性タンパク質が食べられない世の中になるかもしれない」

「最近、食用のコオロギを見かけるようになったね」

「そもそも倫理的に生き物を殺していいんだろうか」

「ＡＩが発達すると、いろいろな生き物の気持ちがわかるようになるかも」

「犬や猫みたいに、牛や豚とも気持ちが通じるようになって、もしかしたらコオロギの気持ちもわかるようになるかもしれない」

「コオロギは人に食べられてうれしいんだっけ？」

「そんな世の中になったら、みんなの関心事はどこに向かうんだろう。そんな世の中で東芝はどういう貢献ができるんだろうか？」

みんなが共通のシーンを想像することで気持ちが通じ合い、考え方が違う人ともコミュニケーション上のずれが少なくなります。**それぞれの問題意識や価値観が共有され、モチベーションを保ってプロジェクトを進められるようになる**のです。

課題発見のプロセスを進めていく中では、特にカタカナ言葉や漢語などのいわゆるバズワードと呼ばれるような流行語が出てくると、メンバーそれぞれが独自の解釈でわかったような気になってしまい、具体的なイメージが共有できていないまま議論が進行していくことが頻発します。

例えば研修でよく取り上げられるテーマに、「新しい旅行ビジネスの可能性を探る」があります。ほとんどの人が旅行に関する困り事を一つや二つは持っているので、課題発見は難しくなさそうですが、困り事に思いを巡らす際に、「そもそも旅行ってなんだろう？」と考えてみます。

「体が移動しなければ旅行じゃないんだっけ？」

「VRゴーグルをかけたバーチャルリアリティ体験は旅行といえる？」

「旅行ってもしかしたら非日常のことをいうんじゃない？」

「じゃあ、非日常って何？」

「日常で旅行というのはあり得ないの？　ノマドという人たちもいるよね」

「ノマドってそもそもどういう人なんだっけ？」


というように、普通だったらサラッと通り過ぎてしまうような言葉でも、「そもそも、それってどういうこと？」と考えながら、課題につながりそうな周辺を探索していきます。一見、答えの出ないような問いをどんどん立てては考え、考えては次の疑問を繰り返し、「いや、これ、違う見方もあるんじゃないの？」とリフレーミングをしたりしていきます。

このように、**いったん立ち止まってとことん考えることで、お互いの解釈を確認し合ったり、知恵を集結させなければならないポイントにフォーカスしたりします**。一見遠回りに見えるかもしれませんが、哲学シンキングの対話は、プロジェクトの方向性を確実なものにしていくうえで効果絶大です。

スキルセット強化の一環として「洞察力を磨く」

先述した総合的なスキルセットの確認・啓発カリキュラムの中でも、哲学シンキング研修を採用しています。

哲学シンキングは、匠のデザインに資する個人の創造性では「目的洞察力」、チームのデザインに資する共創・協働の基礎スキルでは「価値観洞察力」、みんなのデザインに資するビジョンと意味の共有スキルでは「意味独創力」「潮流洞察力」の向上に効果があると見込んでいます。

また、哲学シンキングはいわゆる狭義のデザインに通じる可視化力のスキルと対をなす、洞察力のスキルを磨くための代表的なワークであり、あらためてじっくりと考えをめぐらすことの重要性や、自分の得意な思考スタイル、反対に、自身に欠けていたスキルを発見する絶好の機会にもなります。

哲学シンキングが寄与するスキルのスコア

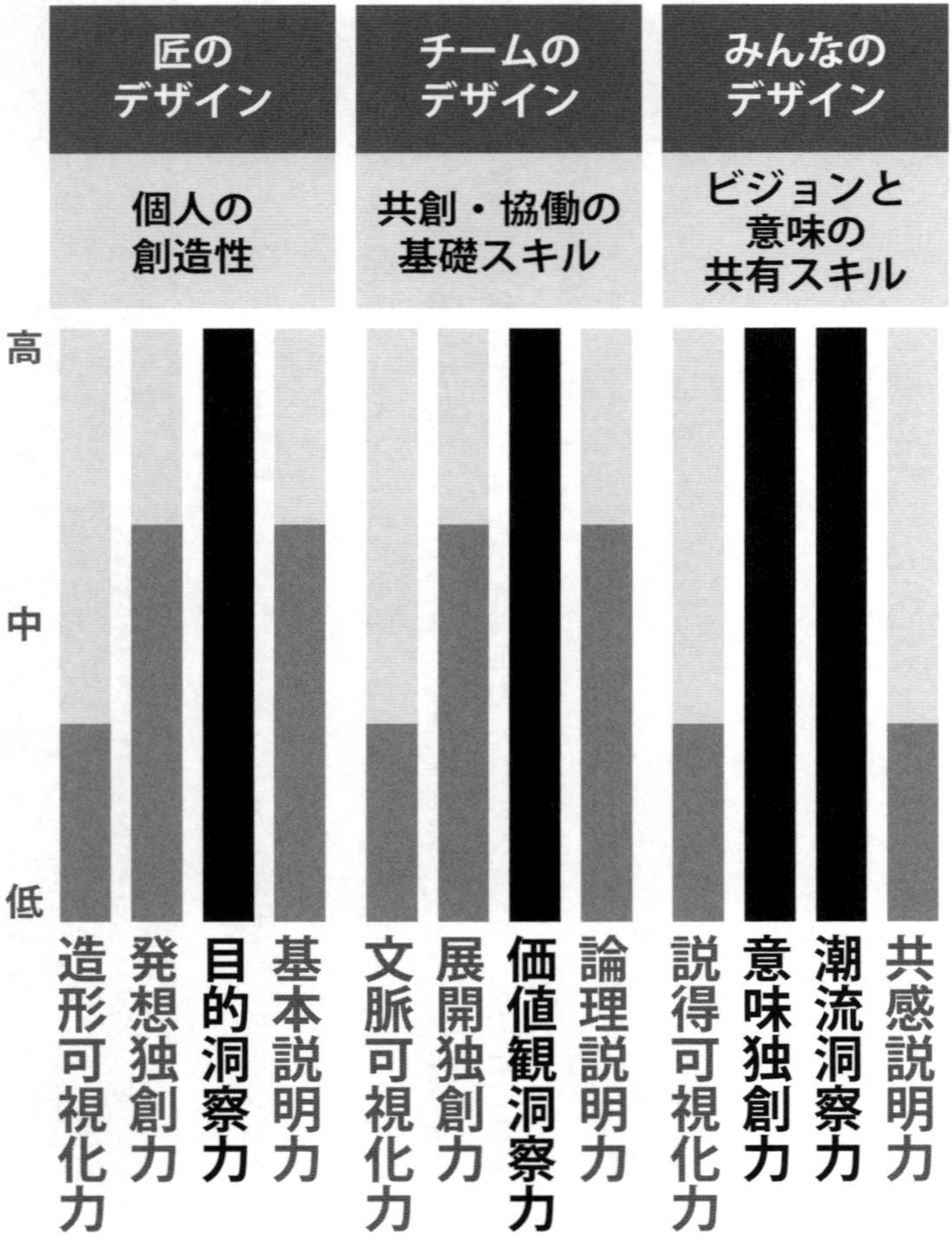

資料提供：株式会社東芝　CPS× デザイン部　©2018-23 Toshiba Corporation

アイデア発想を強化するために「モヤモヤを残す」

昨今、会議の板書をイラストや図解を交えながら記述するグラフィックレコーディング（グラレコ）やグラフィックファシリテーション（グラファシ）が注目されています。

哲学シンキングのワークをしていると、参加者からは「グラレコやグラファシと併用したほうが効率的なのではないか」「記憶の助けと論点整理のため、メモをとりながら進めたい」という意見が聞こえてくることがあります。

私自身、試行錯誤をしてみた結果、参加者はメモをとらず、グラレコ／グラファシと併用せずに進めたほうが得られる気づきが深いことがわかってきました。

まず、対話の中でストーリーの流れを参加者間で共有することは両者とも共通です。グラレコ／グラファシの場合は、ファシリテーターが描くビジュアルイメージを参加者が共有するので、参加者の脳内の概念イメージも共有されています。

一方、哲学シンキングでは板書もメモもとらず対話を進めていると、参加者の頭の中に

グラレコ／グラファシと哲学シンキングの比較

グラレコ / グラファシ	VS	哲学シンキング
ストーリー（左脳）を共有		ストーリー（左脳）を共有
ビジュアルイメージを**共有**		ビジュアルイメージ**なし**
概念イメージ（右脳）を**共有**		概念イメージ（右脳）は**それぞれ**
共通認識で**合意**形成		異質な意見の衝突
スッキリ！		**モヤモヤ**
それ以上考えない		無意識に考え続ける

資料提供：株式会社東芝　CPS× デザイン部　©2018-23 Toshiba Corporation

は各自それぞれの概念イメージが構成されます。しかも、メモをしないことで頭に残っていく言葉は、各自の問題意識や気になる言葉によってそれぞれのフィルターがかかるため、異質な意見が形成され、それが対話の中で衝突を起こします。これが思わぬ気づきを誘発します。

ワークが終了するころになると、グラレコ／グラファシの場合は、出来上がったグラフィックで全員が共通の結論を共有しスッキリします。

一方、哲学シンキングでは共有される結論が合意される場合もありますが、それぞれ独自のモヤモヤや新たな問いが残ります。

スッキリしたグラレコ／グラファシの場合は、それ以上考え続けることはありませんが、モヤモヤが残った哲学シンキングでは、否応なしに無意識に考え続けることになります。そして、その2～3日後、電車に乗っていたり、ウトウトしていたり、お風呂でほっと一息ついたりした瞬間に、突如「あれって、もしかしたらこういうこと？」というようなアイデアや答えが降りてくるのです。

このモヤモヤを残し、無意識に考え続けることは、「未完了課題についての記憶は完了課題についての記憶に比べて想起されやすい」という「ツァイガルニク効果」と言われ、これがアイデア発想の極意につながるのではないかと感じています。

ジェームス・W・ヤングの『アイデアのつくり方』では、クリエイティブなアイデア発想のプロセスとして、5つのステップが紹介されています。

①材料を集める
②材料を咀嚼する、パズルを組み合わせる
③無意識に移し、常に考え続ける
④「ユーレカ！」アイデアの誕生
⑤具体化し、展開させる

無意識に考え続け、その課題から離れ、別のことをしていると、あるとき突如としてアイデアが降りてくる……この経験はさまざまな著名人が異口同音に語っていますし、私も長年のデザイン経験の中で何度となく経験しています。

哲学シンキングで最後に残るモヤモヤや新たな問いは、このステップの②から③への移行を促進する効果を誘発します。このことから、私は哲学シンキングのワークにおいては、その場で結論を出すよりも、むしろ**モヤモヤを残して終わることで、無意識での熟成を促す**ように進めています。

哲学シンキングの絶大な効果……「答えは出なくていい」

ここまで、価値創造とビジネスモデルの変革期にある製造業で、どのように哲学シンキングを活用しているのか、その一事例を紹介してきました。

哲学シンキングはそれだけでなんでもできる万能ツールというよりは、デザインやデザイン思考など他の手法やワークと併用する中で、貴重な相乗効果を誘引してくれる隠し味的な存在です。そうです、必ずしも「答えは出なくていい」のです。
哲学シンキングを導入して見えた具体的な効果は、次の三つが挙げられます。

■多角的・俯瞰的な視点が芽生える

■答えのない問いを続けることで考えが深まる

■視覚化の限界を超えたビジュアル思考ができる

これらの効果が他の手法と組み合わさることで、同じワークを行っても、これまでとはまったく違った成果につながります。

哲学シンキングは企業でのデザインやデザイン思考の実践・人材育成などを進めるうえで、非常にユニークで強力な効果をもたらします。ファシリテータースキルと参加者リテラシーの両方を必要とすることが手法・ツールとしての特性ですが、簡易的なファシリテータースキルをチームや組織全体に浸透させることにより、誰もが目的に応じて手軽に着手活用できます。そうしたエッセンシャルな基礎ツールとして、他の手法では得られない画期的な成果につながっていくはずです。

CASE

4

ハイパフォーマンス
チームを構築する

Profile

横河電機株式会社

マーケティング本部知的財産・デザインセンター　エクスペリエンスデザイン部

クリエイティブリサーチ™コンサルタント

伊原木正裕氏

1987年、横河電機株式会社入社。組み込み機器開発、SE、大学発ベンチャーのMK、R&D企画などを経て、現職デザインリサーチャー。同時にシステム（チーム）コーチ（ORSCC）としても活動中。

組織の「もったいない」をなくす

あなたがリーダーとしてプロジェクトを進めているとき、自分のチームはもっと創造的に動けるはずなのにポテンシャルを完全に発揮しておらずもったいない、と感じることはありませんか？

哲学シンキングは組織における「もったいない」をなくし、ハイパフォーマンスチームを構築するために活用できます。

私は電機メーカーの横河電機でクリエイティブリサーチ™コンサルタントとして、創造的な問題解決支援や人の想いに寄り添うデザインリサーチ[23]を専門として活動しています。また、チームコーチとして組織の関係性を改善し、よりよい成果を生み出すためのチームコーチングサービスも行っています。

クリエイティブリサーチ™とチームコーチングの機能は、哲学シンキングの二つの特長に密接に関係しています。

①新しい観点の導入：チームの多様性、つまりものの見方の違いを活かし、モノ・コトを多角的な観点から見直す論理的な機能

②知的安全性の担保：自由に本質を探究でき、アイデアを安心してその場に提案できる、メンバーの知的安全性を創り出す機能

1 新しい観点の導入

かつて産業界では、市場に「新しい技術（ＨＯＷ）」を提供することが新たな価値を提供することでした。これは、開発者側が設定した価値をユーザーに提供する構図であったと言えるでしょう。

その後、ユーザー中心主義がデザイン思考とともに声高に叫ばれ始め、ユーザーの潜在ニーズの調査が重要視されるようになりました。さらに現在、価値の源泉はそのサービスが作り出す「新しい意味（ＷＨＹ）」に移っています。

ＨＯＷの追求では具体的な技術の議論ができました。しかしＷＨＹの追求では、ときに論点の抽象度を高く保ったまま議論する必要があります。スピードと合理性を求める従来

リフレームによる問題の再定義

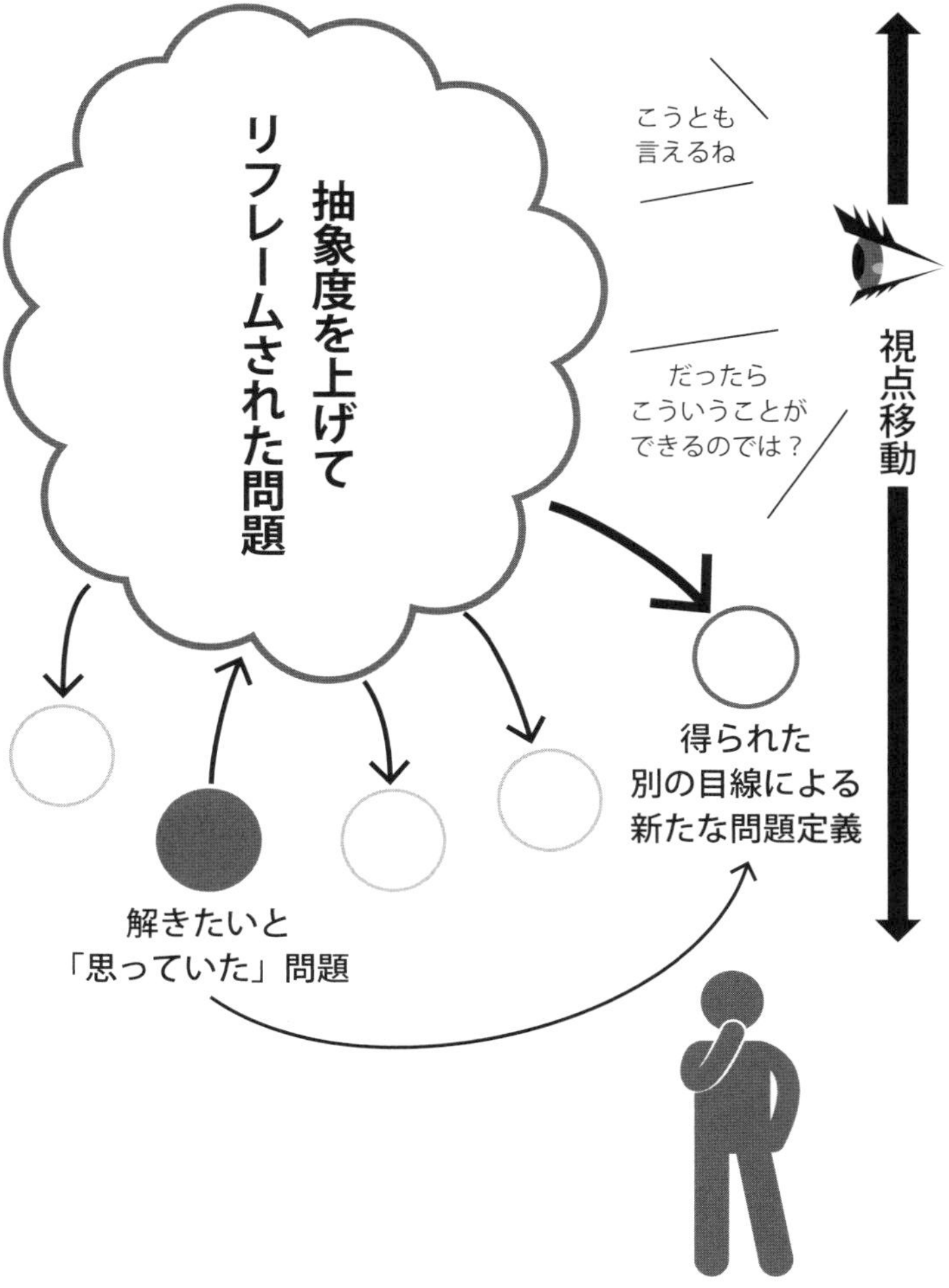

の組織では、このようなあいまいさを受け入れる議論は個人の能力に頼りがちでした。これでは革新のレベルが個人の能力の限界で制限されてしまいます。まさにもったいない状態です。

私たちはこの問題にチームのメンバーの多様性を使って対応しています。つまり、メンバーの多様な視点を取り入れ、コトの抽象度を上下させることで問題の再定義を行うのです。

論点に対するものの見方が狭くなってしまうと、チームの議論が行き詰まってしまうからです。

あるとき、あるサービスとVUCA Worldという時代の流れをどのように結びつけるかで議論が停滞したことがありました。

いろいろなメリットを考えてみたもののしっくりきません。ＶＵＣＡを問題状態と捉えて対処法を探った会議でしたが、みんなが「正解」を出さなければならないと考えた結果、行き詰まってしまったのです。そこでキーワードとなる「ＶＵＣＡ」について即興で哲学シンキングをすることにしました。

哲学シンキングでは、対応方法のブレインストーミングではなく、問いを立てることが要求されます。

さまざまな論点が展開される中で、「ＶＵＣＡは悪いことなのか？」という問いが突破口を開きました。暗黙の前提が崩されたチームからは、一気にアイデアが出始めました。問いを使うことで、チームの暗黙の前提から離れて新しい意味に近づいた瞬間です。

一般的には、「抽象度を上げて別の見方をする」という行為は少し難しく感じられます。「それは具体的にいうとどういうことですか？」と問うことに慣れていて、そうすることが大切だということも感じているからです。

みな回答は具体的でなければならないと思っていますが、その呪縛の一つが、「正解を出すことでチームに貢献しなければならない」という意識です。

哲学シンキングのもう一つの特長は、この点に関するものです。

2 知的安全性の担保

前項のように、ビジネスにおいて抽象的な議論を可能にするのが哲学シンキングの特長の一つです。問いを問うことで、抽象度が高くてもメンバーの多様性を活かした論理的な対話が可能になります。

しかし、このような対話を可能にするためには重要な要件があります。それは「安全性」です。

この安全性には、「**心理的安全性**」と「**知的安全性**」の二つがあります。

心理的安全性とは、メンバーが何を言っても非難・攻撃されることはない、自由かつオープンに意見を言い合える環境（場）であることです。哲学シンキングの特長である多様性を活かす機能には、この心理的安全性の担保が基本的な環境として必要です。対話の場には各方面から人を集める場合もありますから、従来の関係性に頼ることができない場合もあります。心理的安全性の構築は、多様性を活かすための重要な要件です。

一方の知的安全性とは、心理的安全性とは異なる概念です。自由に本質の追求をできる環境（場）であること。つまり、自分の意見が無視されず、なんらかのフィードバックが得られるということです。

この知的安全性の確保にはファシリテーターが重要な役割をもっています。ファシリテーターから論点移動、対立項の登場、視野拡大のフィードバックがあることで、それまで想いのままに語っていた参加者は、その対話にさまざまな観点が投入され、互いに影響を受けていたことを知ることができます。

これは、自分の思いつきが対話のなかで立派に役割を果たしていたことを知る素晴らしい瞬間です。このとき参加者は、どんな意見でも貢献できるという自信にもつながるため、さらにいろいろなアイデアを投じようという動機にもなります。

関係性とハイパフォーマンスチーム

「もったいない」をなくし、ハイパフォーマンスチームを作るには、従来よりも高いレベルの対話が必要となるでしょう。ここで**鍵となるのは組織・チーム間/内の関係性**です。関係性がチームパフォーマンスに大きな影響をもつことに関しては、ダニエル・キム氏がマサチューセッツ工科大学での博士論文で紹介した「**成功の循環モデル**[24]」が有名です。

一般に企業組織のリーダーは、自分のチームのパフォーマンス、すなわち結果の質を上げることに責任を負っています。成功の循環モデルは、結果の質が連関する三つの因子、つまり関係性の質、思考の質、行動の質とループ状の関係をもっていると示しています（次頁の図参照）。このループが右回転を継続することで結果の質は上がり続けることがわかります。

成功の循環モデル

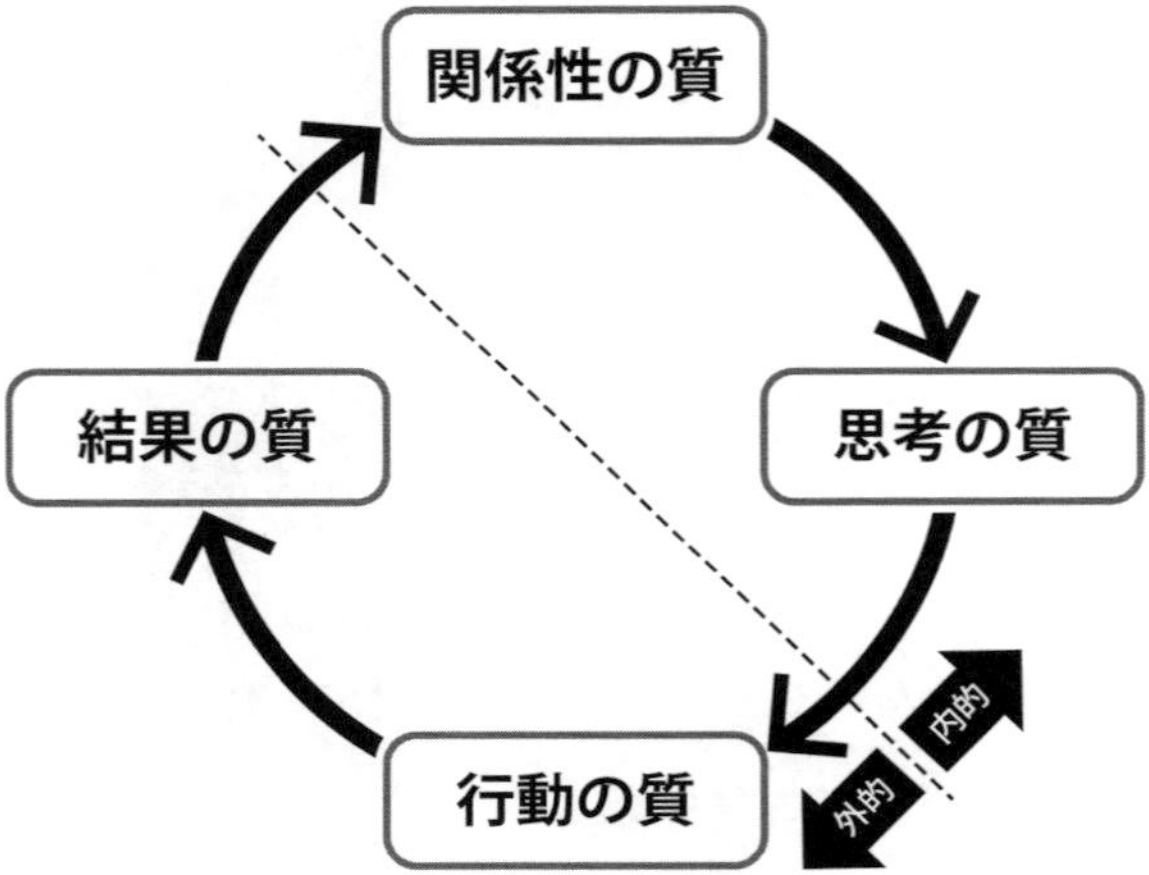

チームがよい成果を出し続ける→チームの関係性が良好に保たれる→枠に縛られない創造的な対話からアイデアが生まれる→良い計画が生まれる→効果的な行動がとれる→成果につながる、という正のループで成功が続くのです。

しかし、現実には逆の意味の回転が容易に起きることも示しています。

チームがパフォーマンスを出せず結果が伴わない→チーム内がギクシャクして関係性の質が下がる→よいアイデアは共有されることがなくなる（言いたいことが言えない）→質の低い検討・計画立案に基づき行動の質も落ちる→結果がさらに悪化する、という負のループです。

リーダーはこれをどこかで断ち切らなければなりません。

キム氏の論文は、まず関係性の質を上げるところから悪循環を切るように示唆しています。関係性の質を上げ、チームのポテンシャルを引き出すことで優れた思考を得て、それを行動に落としてパフォーマンスを発揮する最高のチームになれるという論理です。

ビジネスの現場では、「成功の循環モデル」を実装する場合、外的な因子（行動の質と結果の質）は定量的な財務指標と関連づけやすいのに対して、非財務指標である人的資本に関係する内的な因子（関係性の質と思考の質）は定量化しづらく、対応が難しいという問題があります。

しかし、現代の複雑で正解のない世界における成功の鍵は、この内的因子にこそあります。内的因子と心理的・知的安全性との関係から、どのようなチームが目指せるかを次頁の図に示しました。

チームの能力を引き出すためには、どのような意見も安全に出せるよう、まずは関係性の質を高める必要があります。ただ、その部分だけに終始すると、チームは物事の決まらない仲良しクラブになってしまう危険性があります。

内的因子とチームのパフォーマンスの関係性

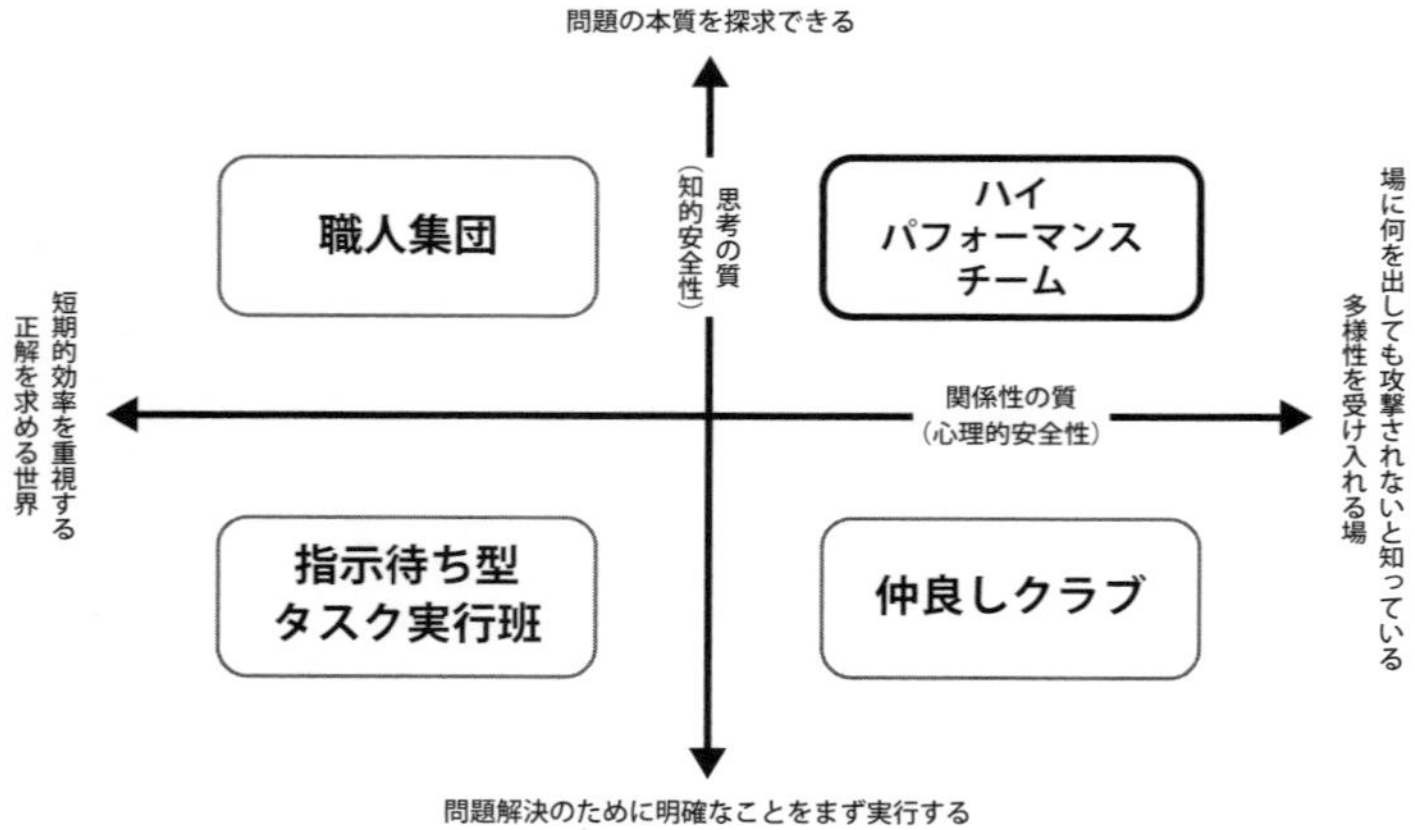

一方、本質を追求する思考の質を、関係性を欠いたまま伸ばすと、チームはチームではなく個だけが立った職人集団になってしまう可能性があります。これではチームのポテンシャルを活かすことができません。チームのパフォーマンスが個々の力を超えることができないからです。

したがって、この二つの因子は常に作用し合いつつ伸ばしていく必要があります。

ごくまれに、リーダーが極めて優れた将来展望・洞察をもっている場合があります。このときチームが第二象限の職人集団にあると効率よく仕事が進みます。しかしそれでもなお、そのチームはポテンシャルをすべて発揮してはいない状態です。経営的観点から見れば、人的資本を活かしていないもったいない状態ということになるでしょう。
組織の「もったいない」を克服した姿とは、二つの因子が機能したとき、チームが第一象限のハイパフォーマンスチームにいることを言います。

哲学シンキングの運用上の特性とこれから

冒頭で述べたとおり、組織の目的はチームが最大限のポテンシャルを発揮することです。哲学シンキングを試行錯誤して運用するうちに、次の三つの利点があることがわかりました。

一つ目は、**知的安全性に関わることができる**ということです。哲学者の議論の仕方を踏まえたこの方法論は、その出自ゆえにビジネスの現場ではユニークであり、他の方法論と機能が重ならないため、パズルのピースのように補完関係をとることができます。

二つ目は、そのメソッドを起動するにあたって**大がかりな事前準備が不要**である点です。議論の中でチームが停滞していると感じたら、セッションを開始することもできます。

他の方法論と補完関係をとる哲学シンキング

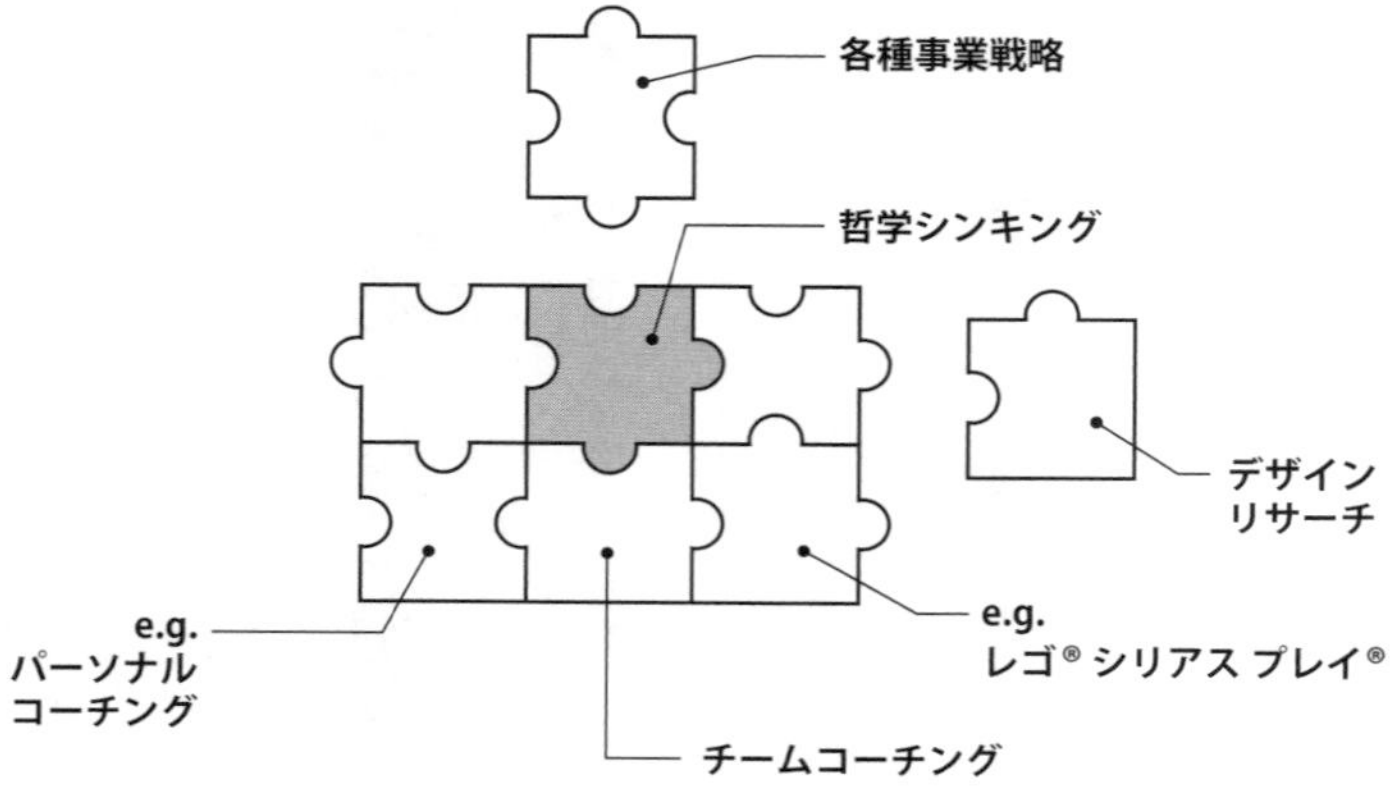

この場合、その障壁を乗り越えたいという欲求がすでに高まっているため、メンバーもこの新しいアプローチに入り込みやすいという利点もあります。スピードが重視されるビジネスの現場において、「臨機応変」というのは重要な特質です。「ちょっと行き詰まっているようだから○○について掘り下げてみよう」の一言で開始することができます。

そして三つ目は、**オンラインでも開催できる**点です。哲学シンキングはメンバーの内的な因子に関わる方法論であり、「安全性」を扱うものですから、対面式で実施するに越したことはありません。しかし、コロナ禍をきっかけにテレワークでの仕事を基本とする組織も多くなりました。哲学シンキングのセッションはリモート環境でも機能します。どこからでも参加できるため、空き時間の調整もしやすくなります。

以上のように、哲学シンキングはその性質を知って活かすことで、ハイパフォーマンスチームの構築に使いやすい方法論だといえます。


私はクリエイティブリサーチ™として組織の「もったいない」をなくすために「関係性の質（心理的安全性）」と「思考の質（知的安全性）」という二つの軸を念頭にチームに関与し、第一象限のハイパフォーマンスチーム構築をめざしています。

この中で哲学シンキングは、複数の特長をもつ効果的な方法論であると捉えて、折に触れて気軽に運用するのが一番よいと考えています。


哲学シンキングの特長や時代の要請との関連を考える中で明らかになったのは、現代においてハイパフォーマンスチームとはどういうチームを言うのか、ということでした。

一見、成果から遠く見えるあいまいさを受け入れる能力が成功の鍵を握っていることは、当事者になってしまうとなかなか気づけません。**哲学シンキングの問いを問うという姿勢がさまざまなチームに根づけば、チーム間の関係性が新たな段階を迎え、さらに組織のパフォーマンス向上につながる**はずです。

第4章

専門知に基づく哲学コンサルティング

専門知を活用した哲学コンサルティング

前章までは、哲学の専門性がなくても実践できる哲学シンキングの手法と実例をご紹介してきました。

もしかすると読者の方々のなかには、もともと「哲学」でイメージしていたこととは違う印象をもったという方もいるかもしれません。「哲学がビジネスに役立つ」といわれるとき、プラトンの「イデア」とかヘーゲルの「アウフヘーベン（止揚）」とか、ある哲学者の特定の概念がビジネス上の課題解決に役立つといったことを期待している方もいるのではないでしょうか。

もちろんそういった哲学活用もありますが、着想を得るだけでよければ、生物学や社会学など別の典拠でもよいでしょう。

本章では、第1章で区分した3番目の哲学、つまり専門的な哲学の活用について紹介します。**哲学が他の学ではない哲学としてビジネスに生かされるというときに大事なのは、**

その概念の背景にあるコンテキストやロジックを伴っているということです。哲学史は、哲学者たちがあらゆる事柄について「なぜそう言えるのか」などを問いながら議論を積み重ねてきた歴史であり、その限りでビジネスの課題解決に資する知の宝庫でもあります。[25]

私自身、「フィロソフィー・ディレクター」としてコンサルティングする際は、クライアントの課題内容に対応させて、どういった哲学の分野や研究者がよいかを判断し、対話的な哲学シンキングも組み合わせながら課題解決を行ったり、自社の経営や事業自体に専門研究を活用したりしています。[26]

これまでにさまざまな哲学の専門知をもとにコンサルティングしてきましたが、ここでは私自身が自分の専門研究をどのように活用できているかを示すことで、専門的な哲学の活用法についてご紹介します。

もう一つのハーバード・ビジネス・スクールの系譜

私はもともと、英国出身の哲学者A・N・ホワイトヘッドを中心に、W・ジェイムズやF・

H.ブラッドリー、S.アレクサンダーらの英米における形而上学を研究してきました。一般の方々には馴染みがないかもしれませんが、ホワイトヘッドは教え子のB.ラッセルとともに『プリンキピア・マテマティカ（数学原理）』を著したことで知られる、現代を代表する哲学者です。

彼はその功績で現代哲学の嚆矢となる一方、1924年、ハーバード大学に哲学教授として招聘されて以降、ハーバード・ビジネス・スクールの経営学者や実務家と相互に影響を与え合っています。

特に1925年に刊行された『科学と近代世界』や、そのもとになった「ローウェル講義」では、「有機体の哲学」と呼ばれる独自の哲学を提唱します。後述するとおり、この哲学は、P.F.ドラッカーにも多大な影響を与えたM.P.フォレット（1868―1933）やC.I.バーナード（1886―1961）らの経営思想と軌を一にしており、現代経営学の主潮流とは異なる展開可能性を指し示しています。[27]

今日、アメーバ経営やティール組織、DAO（分散型自律組織）など、自律的な組織の理論が注目を集めていますが、**「有機体の哲学」は組織や社会、ひいては世界を、いわば「生命」のような機構をもつものとして捉えます。**

生命がもつ個々の器官は独自に活動しながらも、他の器官との本質的な影響関係のなかで固有の機能を果たしています。別のものに交換すると拒絶反応が起きたり、全体に深刻な影響が及んだりするように、個々の要素は他の要素との関係のなかで「それが何であるか」が規定される一方、もしそれがなくなれば他の要素や全体が変容を被ります。こうした点は、各部分を別のものに交換しても構わない無機物や機械とは異なる特徴です。

組織にあてはめていえば、個々の成員は他者との相互関係のなかで固有の役割を果たす一方、他者や組織全体に本質的な寄与を果たすような、かけがえのない主体だと考えられます。組織はそうした機構をもつ生命のように動くとき、もっとも価値産出的で創造的になるとホワイトヘッドは考えます。

日本では、経営学者の野中郁次郎氏がホワイトヘッドを参照し、「組織における価値創造とは、組織成員が他者との関係性の中で多様な経験を意味づけ評価し、自らの内面に取り込んでいくプロセス」と述べています。[28] これは「有機体の哲学」の要諦をなす考えです。

私は哲学研究者としてホワイトヘッドを専門的に研究するなかで、野中氏の提唱する知識創造理論や日本ホワイトヘッド・プロセス学会に所属する経営学者の方々の研究に触れる機会もあり、経営やビジネスについて多くを学びました。

では、そうした専門的な哲学が、ビジネスでどう実践的に生かされるのか。この点について以下では紹介していきます。

コラム　SECIモデルとプロセス哲学

野中氏は、「企業を知識創造の主体と捉え、知識の創造・活用により主体的に変化しつつ持続可能な状態を作り出すマネジメントとはどのようなものか」という問いに答えるものとして「知識創造理論」を提示します。[29]

とくに、そうした知識創造モデルを次頁の図のような「SECIモデル」として定式化しています。SECIモデルは個々人の経験の暗黙知を共有する「共同化」、それら暗黙知を言語化してメンバーと共有する「表出化」、異なる形式知を組み合わせて新しい知を創出する「連結化」、新たに獲得された形式知をメンバーに浸透させる「内面化」からなります。これら四つのプロセスがスパイラル構造をもって繰り返されることにより、継続的にイノベーションを起こせる組織が作り出されると考えられます。

野中氏は知識創造理論およびSECIモデルの形成に際して、ホワイトヘッドに代表されるプロセス哲学の視点を取り入れています。ホワイトヘッドはあらゆる存在者を活動する経験の主体と捉え、そうした主体たちが情的で有機的な関係を織りなすことで、

SECIモデル（上図）と日本型哲学実装モデル（下図）

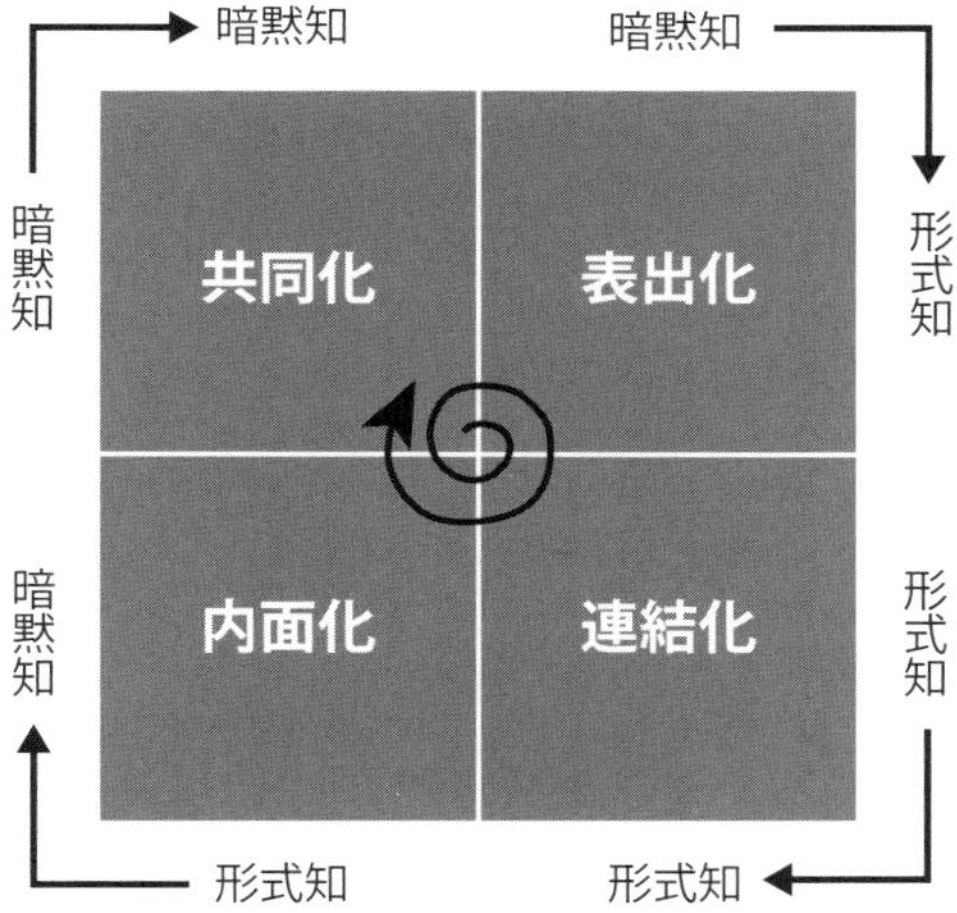

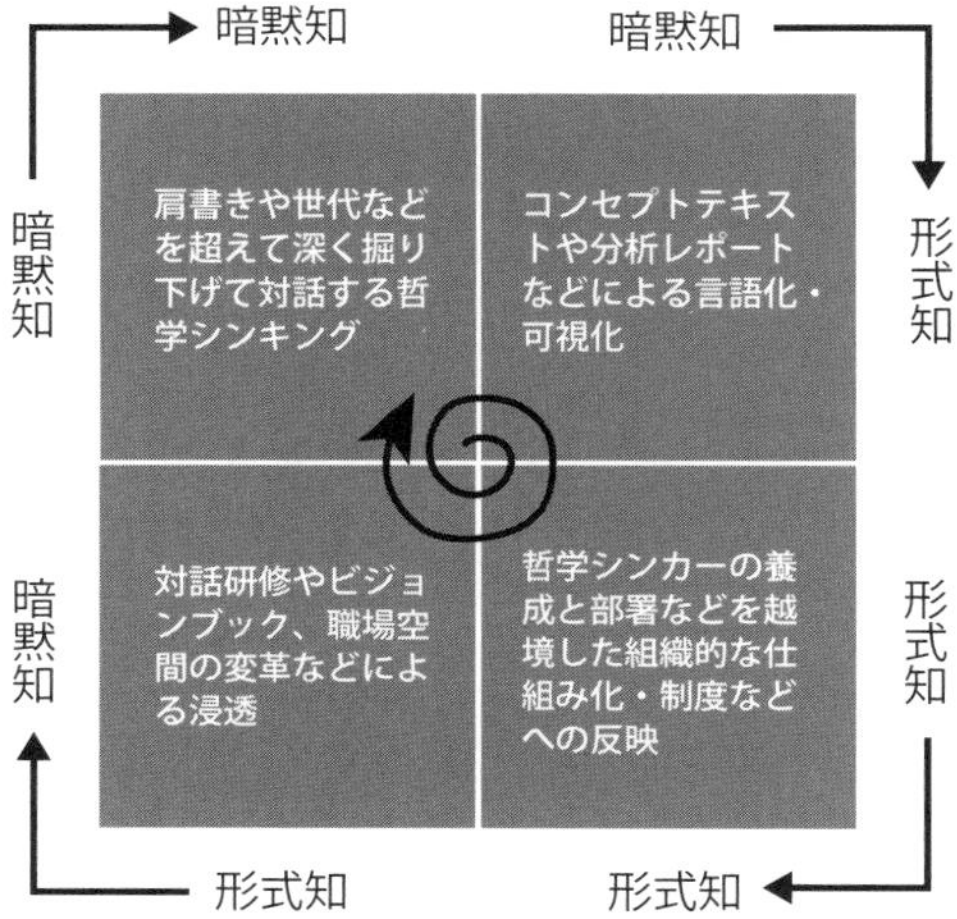

上図：野中氏の共著『流れを経営する―持続的イノベーション企業の動態理論』（東洋経済新報社）の図「組織的知識創造プロセス―SECIモデル」（29頁）を参考に著者が作成
下図：著者の提唱する「日本型哲学実装モデル」

組織や社会、世界が構成されると考えます。ただし、それぞれの主体は他者からみれば客体であり、創造的なプロセスのなかで与件として受容されていきます。各主体が活動し、自らを客体的与件として差し出し、次なる活動の主体に継承されていくなかで新しさが生まれていくと考えられます。

本書で述べてきた哲学シンキングを通した対話も、組織やプロジェクトチームにおいて、個々人の暗黙知を共有するプロセスです。本人も自覚していなかったようなインサイトや着眼点を哲学的なレベルで掘り下げて対話するなかで、深い情的な価値観が共有されますし、今までボトルネックになっていた問題の解決の糸口が見えたときには、霧が晴れるような身体的感覚を伴うことさえあります。対話の結果は、コンセプトテキストや分析レポートなどを作成したりすることで言語化・可視化されます。

第3章のケーススタディで紹介したように、当社ではさらにそうしたプロセスを組織的に仕組み化することで、部署やチーム内での役回りを越境した協働関係を築いたり、パーパスやビジョンに関する対話研修やビジョンブックなどを通じて社員浸透を図ったりしています。

第1章では、欧米企業における「インハウス・フィロソファー」や「最高倫理責任者」に言及しましたが、日本型経営においては特定の哲学の専門家が助言・監修するかたちより、各企業が「インハウス・哲学シンカー」を擁し、もともとある倫理規範や理念を哲学的に掘り下げ、自律的に深めていく仕組み化のほうが望ましいでしょう。

異なる価値観や世界観をいかにして理解しつなげるか

私が代表を務めている会社では、これまでさまざまな相談に哲学の専門知を使って応えてきましたが、一つの参考例として、複数の企業から相談を受けたことのある課題を取り上げてみたいと思います。

それは、世代間ギャップに関わるような課題です。この課題は、異なる価値観をもつ多様な人たちがどのように協働できるのかという組織の課題にもなれば、商品やサービスを利用する人たちが、どのような価値観・世界観をもっているかを知るための課題にもなっています。

もちろん「○○世代や○○年代の人たちは、こういう人たちだ」と画一化してしまえば、多様性を押しつぶしてしまう危険があります。かといって、「価値観や世界観なんて人それぞれだよね」と相対主義に陥るのもまた逆の極端な諦めです。

むしろ課題の本質は、ミレニアル世代とかZ世代とか世代論で片づけるのではなく、自分とは異なる価値観・世界観を知ること。さらには、**価値観や世界観の違いを越えた、普遍的で統合的な人間理解を獲得すること**にあります。そうすることによって、それぞれの考えの違いを受け入れながら、同時に共通の基盤において協働する可能性が開かれます。

以下では、この課題を一つの参考例に専門的な哲学がどのように生かされるか見ていきたいと思いますが、先に言及したホワイトヘッドやフォレット、バーナードらはまさに、「協働」や「統合」を重視した組織論を唱えた哲学者・経営学者・経営者でした。

その果実は、**一人ひとりの人間の創造性を認め、その創造性が最大限に発揮される組織**に至ることです。そのために異なる価値観や世界観を知り、普遍的な図式を形成することは、まさに哲学的な知見が生かされる場面です。

上述した複数の企業から相談された課題には、共通して40代後半～50代以上の主に役職者の方々と、20～30代前半くらいの若手社員との間で生じている、仕事観や働き方に対する齟齬の問題があります。

役職者の方々はプロジェクトのリーダーを務めていたり、若手社員の教育を担っていたりして、会社からも具体的な成果が求められています。自身の仕事の成果を出すだけではなく、若手社員がもっと主体的に仕事に取り組むように指導することも期待されます。

しかし、若手社員が本当のところ何を求め考えているのか、根本の部分がわからない。会社および上の世代の人としては、下の世代の人たちにもっと主体的に働いてほしいと思って、さまざまな研修や施策を試してみるけれども、期待した成果が出ない。そればかりか、数年かけて育てた期待の若手が転職してしまう。そういった課題を多くの企業が抱えているようです。

一方、下の世代には、上の世代の人たちが体験してきた働き方に対して疑念をもっている人も多くいます。かつての日本社会で当たり前に受け入れられていた仕事観、例えば嫌なことでも耐えるべきという仕事観や、プライベートを犠牲にして働く仕事観、終身雇用制のもとで一つの会社で勤めあげるのがよいという仕事観に対して、なぜそうするのがよいのか、理解できないという人もいます。

さらに、30代後半~40代前半くらいの管理職あるいは準管理職の人たちは、上司と部下の板挟みになっていることもあります。後輩たちには自由で楽しく仕事してほしいという思いがあるものの、上司からは若手社員の教育を任され、もっと自発的に仕事に取り組むようになってもらわないと困る、という課題を抱えていたりします。それを見ている下の世代の若手社員は、出世すると大変だからいまのポジションにとどまりたい。そんな悪循環が起きている企業さえあります。

こういった価値観・世界観の違いを「哲学」のレベルまで掘り下げて把握することは、組織やチームにおいて極めて重要になっています。それぞれの違いを理解せず、自分の先入見で施策を講じても、その場しのぎにすらならない結果になるからです。

従業員エンゲージメントをどう上げるか

例えば、ある企業が若手社員のエンゲージメントをどうやって上げられるだろうか、という課題に悩んでいるとします。そうした課題があったとき、給料を上げて対処しようとしたり、将来のビジョンをもたせようとしたりする施策が考えられるかもしれません。

しかし、実際に「働きがい」とか「生きがい」をテーマに対話してみると、「管理職の上司を見ていると大変そうだから出世したくない」とか、「仕事とプライベートをバランスよく両立させたいから今くらいの状況がいい」とか、そもそも「一生をかけた生きがいなんて重たいから、そんなものはもちたくない」といった意見が出てくることがあります。「給料アップよりプライベートの時間を確保することを大事にしたい」「長期的なビジョンはプレッシャーになるからもちたくない」といった本音が出てきたりしたことがあるのです。

自社の求める人材とマッチしない人は採用しなければいいという人もいるでしょうが、ここではそうした戦略以前の哲学にまで遡って考えてみましょう。

経済学理論の一つ、エージェンシー理論を参考にすれば、監視を強化したり、昇給などでインセンティブを上げたりする方法が解決策として挙げられますが、もし当該社員の仕事観・価値観が上述のようであれば、この方法が有効ではないのは明白です。

この場合、課題設定が間違っているとともに、施策を講じる対象者の価値観を捉えそこなっていることに問題があります。

「A．給料を上げればエンゲージメントが上がる」「B．10年後の自身のビジョンをもつことでエンゲージメントを高めることができる」という考えには、その課題を設定した人の価値観・世界観（あるいは先入見）が前提とされています。

一戸建ての家を持ちたいとか高級車を買いたいとか、プライベートを犠牲にしてももっとお金が欲しいという人の場合、Ａの考えは有効でしょう。また、中長期の自社の成長が安定的で、その成長に沿って自分の人生設計もしたいという人の場合、Ｂの考えも有効となるかもしれません。しかし、そもそもこれらの前提を上記のような発言をする若手社員が共有するとは限りません。

実際に哲学シンキングのワークショップで対話してみると、かつては終身雇用制のもと、一つの会社で勤めあげるのがよしとされてきた時代に働いてきた世代は、今日においてもそれが「あるべき働き方」だと考える傾向にあるようです。各人は一つの仕事をまっとうすべきであって、ある時期にはコンサルタントで、ある時期には教員で、ある時期にはデザイナーの仕事をしているような人は、人生や働き方が一貫しておらずよくない。ましてや転々と職を変えるのは周りの人や会社にも迷惑をかけるから、2年や3年で頻繁に転職するなんて自己中心的で身勝手だという考えをもっている方もいます。

こうした考えは価値規範の一つであり、それ自体に問題があるわけではありません。ですが、それが別の価値規範と衝突するとき、組織の解決すべき問題となってきます。

先に述べたように、特定の価値規範のもと、採用のスクリーニングをしていくことは人事戦略的な解決方法の一つになりえるでしょう。しかし、**哲学コンサルティングによる解決とは、ある一つの価値規範の前提を疑い、異なる価値規範同士を調停するような普遍的な解決策を見出すこと**です。

機密性の都合上、実際の対話内容などは紹介できないのですが、以下ではいくつかの企業で行った哲学コンサルティングの実例をもとに再構成しながら、上記のような発言をする若手社員と上の世代を調停する、普遍的な思考図式や解決策について紐解いていってみましょう。

「個人」ではなく「分人」としての〈私〉

「あるべき仕事観」に関する社会通念の一つとして、各人は一つの仕事をまっとうすべきであるとか、頻繁に職を変えるのはよくないという価値規範がありますが、なぜ一つの仕事に専念することはよいといえるのでしょうか。人間はそれほど統一された揺るぎない

「自分」をもつのかと問われたら、どう答えるでしょうか。

この点に関連して、小説家の平野啓一郎氏は、「分人（dividual）」という概念を用いて、人間を対人関係ごとに複数の顔を見せる存在として捉えています。この概念自体は、もともと文化人類学の分野で使われ、フランスの哲学者G・ドゥルーズ（1925－1995）が使っていた概念です。

ドゥルーズの用法は後述するとして、さしあたり平野氏の用法では、「恋人との分人、両親との分人、職場での分人、趣味の仲間との分人」など、人間は相手に応じてさまざまな顔を見せると言います。

分人の相手は、実空間で直接会う人だけではありません。ネットでのみ交流する人も含み、「一人の人間は、複数の分人のネットワークであり、そこには『本当の自分』という中心はない」と平野氏は言います[30]。

in-dividual、つまり分ける（divide）ことができない（否定の接頭辞in-）個人が仮面をつけたり、キャラクターを演じ分けたりということではなく、そもそも基体となる自分なんて存在しないというわけです。

家族の前、友人の前、上司の前などで態度が変わるとしても、いずれかが〈本物の私〉

で、それ以外が〈ニセモノの私〉ということもありません。仮に家族の前の〈私〉が一番落ち着いたり安らいだりするとしても、友人の前の〈私〉や上司の前の〈私〉が〈ニセモノの私〉になるわけではないでしょう。

そうであれば、唯一の「本当の自分」が存在すると考えるより、いったんは「本当の自分」など存在せず複数の分人を生きていると考えるほうが、人間の生の現実を捉えているといえるのではないでしょうか。

とりわけ、今日において私たちはスマートフォンやパソコンなどを通じて、たくさんの人々やコミュニティとつながっています。ＳＮＳでも複数のアカウントをもってコミュニティごとの分人を生きることを、現代社会を生きる処世術にしている人もいるでしょう。現代は実空間でもオンライン空間でも、たくさんの分人を生きざるをえない状況にあります。

このように考えてみると、人材開発や組織開発に取り組むうえでも、**各人はすでに多様な〈私〉を宿しており、複数の分人で生きているという人間理解**にアップデートする必要があります。

三木清の「虚無」と「孤独」

しかし、「本当の自分」など存在しないとしたら、たくさんの分人を生きることで自分が何者であるかわからなくなるといった弊害はないのでしょうか。多様な〈私〉を生きるよりも、かえって無数の情報や他者に翻弄される〈誰でもない匿名の私〉に画一化されることもあるのではないでしょうか。

この問題を考えるうえで、京都学派の哲学者、三木清（1897−1945）の哲学は示唆に富んでいます。三木は、人間の自己形成がかつてより難しくなったと論じます。[31]

もともと人間はある物を誰がつくったか、その情報はどこに出処があるか、ある人が信頼できる人かどうかについて知ることができる「限定された世界」のうちで生活していました。しかし、現代人はある物がどこで誰によってつくられたのか、ある情報がどこから出てきたのかについて、すべてを知ることができない「無限定な世界」に住んでいます。無数の「アノニム（無名、匿名）」なものに取り囲まれているのです。

各人の個性は他者との関係のなかで形づくられますが、その関係が無制限に広がってしまうならば、そのネットワークのなかに自分自身も埋没して「アノニム」になってしまいます。たくさんの人やコミュニティとつながっているにもかかわらず、孤立していくのです。それゆえ、三木は次のように述べます。「孤独は山になく、街にある。一人の人間にあるのでなく、大勢の人間の『間』にある」と。[32]

匿名の他者とつながりすぎることで確固たる自分をもちづらくなることは、「虚無」という「海」のなかの「泡」に例えられます。「泡」は、その「海」(匿名のネットワーク)のなかに生まれますが、いつしか消えてしまいます。仮に確固たる自分を確立できたと思っても、その根底は「虚無」です。いつ瓦解してもおかしくありません。そうであれば私たちは、その都度、「虚無からの形成力」により自らを作り続けざるをえません。

持続的な生きがいや働きがいをもちづらかったり、一つの企業で勤めあげる気になれなかったりするのは、上述したような特徴が今日、無数の情報や他者とつながるSNSの発展とともに、より顕著になったからだとも考えられます。

後述するとおり、若年層にだけあてはまるわけではないものの、複数の企業で哲学シンキングを実施してきた経験をもとにいえば、物心ついたときからインターネット、とりわけＳＮＳを使ってきた人たちに顕著に表れます。

何者かになりたいと思い、自分を受け入れ活躍できる場を求めて、転々と職を変えたくなるのも、自己中心的であるというより、むしろ自己がそもそも存在しないからだと解釈できます。

ドゥルーズの「分人」「管理社会」批判

元来は分人としての〈私〉の多様性がある一方、分人化が進み誰でもなくなってしまうという事態は、主体性なく、外的なものに管理されてしまうことと表裏をなします。そうした問題は、企業が社員にもっと主体的になってほしいと願う反面、主体性をもたせようと強いるときにも現れます。

晩年、ドゥルーズは「分人」や「管理社会」にまつわる問題点を、M・フーコーの「規律社会」という概念と対照させながら暴き出しました。[33]

ドゥルーズによれば、監獄、病院、工場、兵舎、学校、家族など、規律社会は「監禁の環境」を組織します。

例えば、工場は労働者を時間的にも空間的にも秩序づけて、単なる総和以上の生産力を生み出そうとします。その一方、給与の水準は最低に押さえようとする組織体です。そうした工場にせよ、学校にせよ、規律社会では成員に集団のなかでの「登録番号」が付与されますが、それら成員は「個人」として考えられます。社員番号○番、出席番号○番といった具合に。権力者は各成員の個別性を型にあてはめつつ、組織体にまとめあげようとするわけです。

一方、規律社会に代わる「管理社会」では、分割不可能だった「個人」は分割によって性質が変わる「分人（可分性）」となり、「数字」によって管理されます。

例えば、SNSのアカウントはIDとパスワードによって管理されます。ユーザーは、そのアカウントごとに振る舞いが変わる分人です。IDやパスワードを間違えればアクセスできなくなるように、その人が誰であるかは、個人というより「数字」を通して紐づけられた分人です。それは、マーケットやデータバンクにおいてデータとして取り扱われます。

ドゥルーズは、とくに企業に関して「販売部が企業の中枢ないしは企業の『魂』になった」と言います。そして、「いまやマーケティングが社会管理の道具となり、破廉恥な支配者層を産み出す」と皮肉ります。

組織運営に関しても、個々人の給与を強制的に変動させ、「滑稽きわまりない対抗や競合や討議を駆使する恒常的な準安定状態を作るのだ」といいます。

企業が部署や支社、社員の生産性や効率性をデータで管理・分析し、それらが上がるように競争をあおって評価制度や仕組みを変革しようとするときは、もはや社員を個人として見ておらず、データとしての分人を管理しているともいえるでしょう。

こうした企業形態に対し、ドゥルーズは「敵対関係が個人対個人の対立を産み、個々人を貫き、個々人をその内部から分断するための、じつに好都合な動機づけとなっているのだ」と批判します。むしろ、**「管理社会に対抗する新たな抵抗の形態」「マーケティングの楽しみに立ち向かう能力をそなえた、来るべき抵抗形態」の必要性**を訴えています。

今日の企業経営においては、競争だけではなく共創が、組織への順応だけではなく各成員の主体性が求められます。しかし他面では、DX（デジタルトランスフォーメーション）の推進とともに最適化・効率化に向けて社員をデータとして管理し、個人として向き合っていないこともあるのではないでしょうか。

ドゥルーズからの警鐘に耳を傾けるなら、世代や役職などで分断することのない人材・組織開発とは、どのようなものでしょうか。

次にこの点について、ホワイトヘッドの哲学を参照しながら考えていきましょう。

コラム　現代経営学の源流としての「科学的管理法」

企業における「管理」という考えは、現代経営学の源流にも見出すことができます。

20世紀初頭、米国の機械技師であり経営学者のF.W.テイラーは、労働者の作業を科学的に管理し、効率性や生産性を上げる「科学的管理法」を提唱しました。これは、工場で働く労働者たちの業務を客観的に観察・分析し、最適なノルマとマネジメントを設計したり、分業体制の徹底などにより作業を標準化したりして、組織の生産性・効率性を最大化する方法です。

例えば、フォード社はテイラーの科学的管理法を導入することで生産効率を飛躍的に上げ、大量生産方式を確立させました。その結果、20世紀初頭はまだ自動車が普及していなかったなか、自動車を安く大量に生産することに成功し、急成長したのです。

テイラー自身は労使双方の対立に代わる協働や助け合いも唱えていた一方で、科学的管理法には売上利益や効果効率の最大化、従業員の機械的な管理の考え方が見られます。

経営学史の主潮流を振り返ると、さらにフォレットが労働者の作業だけではなく「管理全般の科学化」を提唱し、H．A．サイモンがそれを「管理科学」として精緻化・徹底化していくことになります。今日の売上利益や効果効率の重視は、科学的で機械的な管理の発展とともに培われてきたともいえるでしょう。

しかし、フォレットはバーナードやホワイトヘッドのように、もう一つ別の企業経営の方向性を指し示してもいました。彼女は「管理全般の科学化」だけでなく、個人の創造性や組織と個人の統合を尊重するような、「科学的管理の哲学」の必要性も説いていました。

バーナードもまた、主体性を回復した人間同士の「共通目的」に向けた協働や組織の道徳的基盤に立脚した経営を提唱しました。売上利益や効果効率では汲みつくせない経営のあり方を示していたのです。

このあと見ていくとおり、ホワイトヘッドの哲学にとっても、機械的・即物的に人を管理するような組織や社会は批判の対象となります。[34]

組織やプロジェクトにおけるメンバーのエンゲージメントを高めることは、今日のビジネスにおける最重要課題になっていますが、経営学史を振り返ると、従業員が組織のなかに埋没し、主体性を奪われるかたちで経営が最適化されてきた側面もあります。

働きがいの向上や自律的な組織の構築には、従来の経営のあり方の根本的な見直しが哲学との協働のなかで必要です。

「出来事」の連なりとしての人生

ホワイトヘッドは分人という言葉こそ使いませんが、「本当の自分」を措定しないという発想は共有します。
彼は人間を含め、この世界の存在者を「出来事」として捉えます。例えば、何千年、何万年と存続するピラミッドも、細部はすり減ったり壊れたりします。日々移り変わり、途方もない年月をかければ、やがて消滅してなくなるでしょう。この意味でピラミッドも出来事にすぎないのです。[35]
私たち人間の身体も日々、細胞は死に絶え、一定期間で身体の全細胞が入れ替わっています。その意味では、個々人も生成消滅する出来事の連鎖的な集まりです。こうした哲学のもとで解釈すると、**働くことも生きることも、時々刻々と変わる出来事の連なり**です。「本当の自分」は（不変的な基体となるものがないという意味で）存在しないとさえ言うことができます。

むしろ、ホワイトヘッドは個人のその人らしさは副詞的に捉えられると考えます。例えば、ソクラテスという人がいてさまざまな性格や属性を獲得していくというより、真理探究のためなら決して妥協を許さないとか、戦争では勇敢に戦うといったさまざまな特性が、「ソクラテス的」なものを構成していくといった具合です。

個々人を生成する出来事の総体と考えるとき、人材・組織開発に際してどのような転換がもたらされるでしょうか。

この点に関してホワイトヘッドは、**いきいきとして躍動的な組織を実現するには、「生命性」が不可欠**だと考えます。それは、機械的に管理される組織形態と対をなす考え方です。

もし組織が従業員を機械的に管理し、同じルーティンを繰り返すようにさせれば、作業は安定し、効率的にアウトプットを出し続けることができるでしょう。絶え間なく移り行く世界のなか、何かが安定的に存続できるのは、同型のパターンを反復して一定の同一性を保持するからです。組織が存続するにも、制度や仕組みといった「型」や「構造」が必要になります。

ですが、組織はただ同じことを繰り返しているだけでは存続できませんし、その成員は機械化された制度や仕組みのなかで疎外されていきます。変化が速く不確実な時代ならなおさら、外部環境の変化に抗する自己組織化の力を高めなければいけません。この自己組織化の力を考えるうえでホワイトヘッドがヒントにするのが、「生命」という概念です。

ホワイトヘッドの「生命」概念

生命は無機物同様、ある程度、自らの構造を維持し続ける秩序がなければ、自己崩壊してしまいます。その意味で、それは自らのうちに物質性を含んでいます。

しかし、生命が生命であるゆえんは、外部環境とのオープンな関係の中で、自らのアイデンティティとは異質なものを取り入れることにあります。生物として自分の外部にあるものを食べることで、自身の代謝を維持するのはもちろんのこと、人間やある程度の精神性をもつ動物は新しい経験をするなか、喜びであったり楽しみであったり、はたまた怒りであったり、生きていることのリアリティと内的な充実を享受します。

会社も、一定の秩序を有して構造化された組織ですが、自己組織化の力を高めるには、内的な充実を実現する生命性をいかに包含できるかが鍵になります。制度や仕組みなどの構造が維持されることで、その企業のアイデンティティ=自己同一性が担保される一方、過去の成功体験にかまけて、自己同一的な構造を維持するだけでは停滞を招き、激しく移り変わる社会のなかで瓦解してしまいます。

生き長らえられる組織は、外部環境との相互的な関係のなかで異質なものを取り入れつつ、絶えず価値を創造し、自ら変わり続ける生命性を宿している必要があります。逆説的にも、変化が速く不確実な時代にこそ、サステナビリティを実現するには自ら変わり続け、内的に充実した質的な強度（intensity）を高め続けていなければなりません。

組織で働く個々人も、毎日同じルーティンばかりをしていると退屈で、いきいきとした働きがいは感じにくいでしょう。異質で新鮮な体験があることで、いきいきとした興趣を感じるのだとホワイトヘッドは言います。

とはいえ、あまりにも毎日が目まぐるしく変わるようでは、それはそれで不安定になります。変化の速い外部環境に合わせて自らも動きすぎると、かえって自身を支えるアイデンティティもなくなってしまいます。

この点に関して、生きているという実感や働きがいを感じながら仕事をするのに大事なのは、自分自身の生活や仕事のリズムを織りなす秩序と新しさのバランスだとホワイトヘッドであれば答えるでしょう。

毎日同じ業務をこなしているほうが幸せだという人も、周囲の人との会話やお昼休みの時間など、なにかしら楽しみとなるような経験があるはずです。逆に、毎日違う業務をする人は、それがうまく回っているときは強烈な質的強度の新しい経験をしているかもしれませんが、不安定と隣り合わせです。

これらのどちらが良い悪いというわけではなく、秩序と新しさを両極として、人それぞれに最適なバランスがあると考えられます。しかし、ホワイトヘッドはとりわけ多様で複雑でありながら、それらの要素が分散されずに統合されているときこそ、高い質的強度の経験になると言います。そうした経験をし続けるなかで、人間を含む生命は、身体だけではなく精神的にも主体的に自己形成し続けられるわけです。

ここでのポイントは、**何かが存続する（サステナブルである）ことは、新しさを招来し、経験の質的強度を高め続けながら変化し続けることだ**、という点です。「有機体の哲学」では情的なフィーリングが相互に行き渡り、躍動的な生命として活動することで、人も組織も最も創造的になれると考えられます。

今日、ＩＣＴツールを活用したデータ分析や組織のＤＸ化が推進されていますが、一面では個人や組織を外的に分割・管理し、個人や組織の生命性がないがしろにされる可能性もあります。個人も組織も主体的であるためには、そうした分割・管理に抗っていく必要があることを強調しておきたいと思います。

哲学シンキングの哲学

実は、生命的な機構に基づく組織論は、哲学シンキングの原理とも共通しています。

哲学シンキングでは、一つひとつの意見や問いを「なぜ？」とか「逆の視点なら？」などと問い、意味の脈絡をもった議論体系が形成されます。複数人の対話でいえば、各参加者の一つひとつの発言がドット（点）ではなく線で結ばれていくことで、システマティックに意味の脈絡が構成されていきます。

特にステップ2以降、同一テーマを異なる視点（「条件」「価値」など）で見た二つ以上のシステムが関連づけられることで、各々の議論の意味の脈絡が変容します。つまり、一つ目の問いのグループのなかでもっていた意見や問いの意味が、総合した脈絡のなかでは別の意味をもって現れることがあるのです。

こうした意味の転換において各項目は、まだ実在していなかったわけではありません。すでに潜在していたけれども、脈絡の変容によって新しい意味をもったものとして活性化されたと考えられます。

どんな些末な存在であっても、世界に何か一つ加わることは、単に一つのものが足し算されることではなく、世界全体が刷新される創造だとホワイトヘッドは言います。比喩的にいえば、青と赤に黄色が加わるとき、単に黄色が付け加わるだけではなく、彩度など青や赤の見え方自体も変容し、青と赤を含む全体が刷新されるように。

哲学シンキングの対話を実施していると、誰かが放った一言がそれまでの大前提を覆し、対話全体を一変させてしまうことがよくあります。そうした一つの発言は、論理的・批判的に形成される合理的な議論体系からすると、非合理な発言です。一つの非合理が、それまでの合理的な議論体系全体を突発的に破綻させます。

哲学シンキングの対話とそのファシリテートは、それを待ち望みます。ビジネスの会議では理路整然と語られることが尊重され、話の文脈から外れた意見や問いは、空気を読めないものとして排除されるでしょう。しかし、そうした意見や問いこそ、革新をもたらすかもしれないものとして受け止めたうえで、新たに議論を再構成していきます。

ＶＵＣＡと呼ばれる複雑性が増した時代、企業がイノベーションを起こすためにも、存続していくためにも、いかに非合理性に開かれ、それを内包できるかが鍵となってくるでしょう。合理的に突き詰めるだけでは、他の企業との差別化ができないどころか、新しいものは生まれません。**これからの組織には、非合理性を許容する寛容さが求められます。**

異なる世代間の価値観・世界観のギャップ

さて、ここまで述べてきた哲学を、私は人材・組織開発、価値観・世代調査などに活用してきました。

本章の前半で提示した課題について、社員教育を担当する側は自分たちの当たり前の価値観のもと、親切心から「一つの会社で勤めあげるのがよい」とか、「10年後の自分のビジョンをもつべきだ」「働きがいをもって仕事しよう」といった前提で教育・研修をしようとします。

ですが、先に紹介したように、2、3年で仕事を変えたいと思っていたり、生きがいや働きがいは重荷だと言ったりする価値観をもつ人たちがいます。そういった人たちにどうやって10年後のビジョンをもたせるかという課題設定や、(働きがいをもってもらいたいということ自体は問題でなくとも) 外的な働きかけを通じて働きがいをもたせようという課題設定は、当該の若手社員の価値観・世界観に照らし合わせると不適切だということです。

実際、あるプロジェクトでワークショップを実施した際には、10年後のビジョンとか生涯を通じた生きがい・働きがいよりも、「**数週間とか数ヵ月の短期間で自分の成長を感じたい**」「**日々の暮らしや仕事のなかで、身近で小さな喜びを感じ続けるのが理想的だ**」といった発言が出てきたりしました。

こうした発言の根本にある世界観を哲学的に掘り下げていくと、本人たちいわく、物心ついたときからインターネットやＳＮＳを通じて、日々大量の情報に触れたり匿名の他者と交流したりするなかで、本当の自分というものを感じにくい。むしろ価値観を共有できる、それぞれのアカウントやコミュニティごとに、いろいろな自分を生きている感覚があるのだと言います。

しかも、ネットの情報は変化が速いうえに不確かなものも多く、温かみのあるつながりや共感して心が動くようなものに自分自身の些細な喜びも感じられるそうです。ただし、ネット上でも実空間でも、自分にとって好ましく感じるものや自分が決めたルールに沿うものは歓迎できるものの、嫌悪を感じたり自分のルールに反したりするものは遠ざけたいといいます。

これは、ＳＮＳでいろいろな〈私〉に合わせてアカウントを追加したり、不要なアカウントを使い捨てたりすることとも無関係ではないでしょう。

このような価値観・世界観に対して、「今の若者は何をしたいのかわからない」「コロコロと仕事を変えて自分の芯がない」といった印象を受ける人もいます。

多くの企業では、こうした異なる価値観・世界観をもつ世代間のギャップが人材・組織開発の問題になっているようです。しかし、上述してきた哲学の知見をもとにすれば、会社を移らずにいろいろな仕事を経験させられる可能性など、問題解決に資する本質的理解を提示することができます。

次にこの点を見ていきましょう。

潜在する多様な〈私〉と生命としての個人

各人は多様な〈私〉を宿しており、複数の分人で生きています。そのなかに一つの「本物の自分」があるわけではなく、「これも私、それも私」といった自己理解が、一面ではより真相に即した人間理解となります。

SNSなどインターネット上はもちろん、実空間でもどこか一つに唯一の自分の本籍があるわけではなく、その都度、居場所を変えながら生きているのが現代の私たちの常態です。このことは、物心ついたときからデジタル空間でも生きている世代の価値観に顕著に表れています。

しかし、他方でこうした分人化が受け身的に進んでしまうと、自己はまとまりなく拡散してしまいます。それに伴い自分は何をしたいのか、自分が何者なのかもわからなくなってくるでしょう。情報の流れが速く、不確実な生成消滅する出来事の世界に翻弄されてしまいます。

この点において、確固たる生きがいや働きがいをもつべきだという考えや、一つの仕事をまっとうすべきだという考えには理があります。そうした人生の指針、仕事の指針となるものがあれば、自己の分散は免れ、統一性が生まれ、パフォーマンスも上がるからです。だからといって、どれか一つの変わらない〈私〉に固執することは、現代社会においてリスクですらあります。いまは有効な性格特性やスキルも、数ヵ月後、数年後には無用になってしまうかもしれません。いまニーズのある仕事も、近い将来不要になっているかもしれません。

今日の社会情勢や個人の人生全体を勘案したとき、一つの会社で勤めあげるより、定期的に仕事を変えて自分のスキルアップを目指したほうがうまく生きていけると考えるのは、現代を生き抜く処世術とさえいえます。

これら二つの考え方は、一見すると対立していたり両立不可能に見えたりするでしょう。それら価値観・世界観の衝突は、人材・組織開発において障害になりますが、普遍的で統合的な基盤を確立できれば、対立や両立不可能性を乗り越えることができます。

例えば、私自身は「哲学研究者」「経営者」「大学教員」、あるいは「夫」「父親」「社会人落語家」といった多様な〈私〉をもっています。どれか一つが本当の私というわけではありません。

一方で、これら別々の〈私〉を生きて、私自身の生が分裂してしまっているわけではありません。むしろ、いくつかを組み合わせたり統合したりすることを通じて、生命としての興趣を享受しながら、個人としてもちうるクリエイティビティを最大化しています。

実際、哲学とビジネスという水と油の関係と思われてきたものを、哲学研究者の〈私〉と経営者の〈私〉を組み合わせることで統合し、新しい事業・価値を社会に創出しました。

それらの〈私〉たちは、他に取り換え可能なものではない点で有機的に関係し合い、個人としての「吉田幸司的」なものを構成しています。そのような〈個人としての私〉は、肩書きや世代で分割されない、一人の実存です。

人材・組織開発においてもデータで切り分けるのではなく、一人ひとりを個人としてみることは、人と人、人と組織が向き合うために、かつてに増して重要となっています。そうでなければ、社員や生活者をデータの集まりやモノとしてみることになってしまうからです。

各人は、自分のなかに多様な分人を宿していると同時に、（「本当の自分」を措定しないような）生命としての個人である。そのように捉えるならば、「2、3年で仕事を変えてスキルアップしたい」とか、「短期間で自分の成長を感じたい」と言う人たちの価値観を理解したうえで、人材・組織開発の施策に反映させることもできます。

先述してきたような哲学的図式をもとにすれば、人材・組織開発は、メンバーそれぞれの多様な分人を認めながら、（副詞的に理解される）個人としての成長に向き合い、「**いかにして短期間で成長を実感できるような職場環境をつくれるか**」「**同じ会社に所属しながらいろいろな仕事や体験ができるようにするにはどうしたらいいか**」といった課題設定で、社員研修や職場環境の改善を実施したほうが成果に直結します。

単なる世代論ではない 普遍的な人間理解に基づく組織運営

前章で紹介した日本電設工業の事例で解決策を提案する際にも、こうした哲学を背景に据えていました。哲学シンキングのワークショップを実施するなかで、事務職・営業職・技術職といった仕事にそれぞれ就くと、専門性の高さもあって別の職種に変わる機会が少ないという意見がありました。

これは新しい経験をしたいということの裏返しでもありますが、哲学シンキングの対話という新しい経験ができる場と仕組みをつくるとともに、ファシリテーターという新しい役割を創出することで、「短期間での自分の成長の実感」や「同じ会社内での新しい仕事や体験」を実現する施策でもありました。

とくに、異なる支社や部署などの人たちと課題について対話する場にすることで、同じ会社内でありながらも、普段の自分の仕事の外を体感したり知ったりできる機会となります。その成果は前章で述べたとおりです。

別の企業では社内に企画展示スペースをつくり、社員の人たちが投稿した会社のバリューに関わる写真や会社に対して思い入れのあるストーリーを展示するといった施策に結びついたことがありました。

私はさらに、上記のような哲学を背景に、エレベーターなど社員の人たちが必ず通る場所で、仕事のナレッジや各人が大事にしていることをインタラクティブに共有できるような施策の提案を行いました。従業員エンゲージメントを高めるためには個々人への働きかけだけではなく、インスタレーションのように環境に仕掛けをつくること、とりわけ他者や環境に開かれながら、同じ会社内でも自分とは異質なものと出会ったり、新鮮な体験ができたりすることが有効だと考えたからです。

このことは、本章冒頭で言及したSECIモデルや哲学実装モデルの「連結化」「内面化」に位置づけられます。

最終的には、現場のアイデアによって仕事のオンオフが切り替わるエントランスに設置することになりましたが、そこは仕事モードの〈私〉とプライベートモードの〈私〉が共存する場です。

仕事とプライベートの両方を大事にしたいという価値観をもつ人が増えているなか、多様な分人を単に切り分けるのではなく、それらが共存する個人としての〈私〉が存立できる場となったり、同僚や上司の職場では知れない意外な分人に出会える場となったりすることが期待されるでしょう。

異質なもの同士を安易に同化させるということではなく、**それぞれの個に潜在する相異なる分人の相互交流を促す場が、組織と社員のポテンシャルを創造的に生かすことになる**のです。

「いかにして同じ会社内で新しい体験ができるか」「短い期間で成長を実感できるか」というふうに課題を見直したとき、それは特定の世代だけにあてはまるのではありません。人生を通じて生きがいや働きがいをもっていたほうがいいと考える上の世代の人でも、定年退職後に燃え尽きてしまう人がいるように、仕事をしているときの生きがいや働きがいは、実は虚構でしかないかもしれません。

むしろ、上述してきたように、その都度、異質なものを取り入れながら統合し、内的な充実を高め続ける生命としての人間理解のもとで、人生を通じた生きがいや働きがいも理解したほうが、より包摂的で普遍的な理解の枠組みを形成できます。

特定の世代の価値観・世界観にだけ通用するものではなく、世代や役職を越えて適用できる制度や仕組み、企業文化を育てることが活気ある組織づくりには不可欠です。

組織のなかで決められた秩序や役職のもとに仕事をするだけでは、息苦しさや疎外感が生み出されやすくなります。しかし、**多様な人々の対話を促進し、世界観を共有し、協働する場を実現することで、より生命的で価値創出的な組織がつくられます**。そのメンバーは、単一の個人を超えた他者との関係や組織において新たな意味を獲得し続けます。

哲学シンキングによる対話や異なる価値観・世界観を理解できる哲学的知見は、そうした組織づくりを可能にするのです。

おわりに

■ 選択肢を広げ、未来を切り拓く「Ｍａｙ」の哲学

パンドラの箱を開けたのではないか。最近、そんなふうに思うことがあります。「自身の哲学研究を現実世界との関わりのなかで実践したい。よりよい未来をつくるために哲学は必要不可欠だ」という思いから私は起業しました。

当時は見向きもされませんでしたが、当社の事業がたくさんのメディアで取り上げられるようになると、「うちと協業すると、こんな大企業を相手に稼げますよ」と呼びかけてくる企業や、「自分も哲学で稼ぎたい」といって哲学コンサルタントを自称する人も現れるようになってきました。

しかし、そうした人たちの言葉に耳を傾けてみても、哲学をビジネスのための道具とみなしているだけで、「なぜ哲学なのか」については何も語られません。もし哲学が単なる手段に堕してしまうならば、何か望ましくないかたちで利用されてしまう懸念があります。

常々、私は「**哲学のビジネス化**」ではなく、「**ビジネスの哲学化**」だと説いてきました。

「人々や社会にとって、もっとよい商品やサービスを提供したい。では、よいとはどういうことか？」「社員はもちろん、すべてのステークホルダーに幸せになってほしい。では、幸せとは何か？」こういった問いをともに考えるのが、哲学コンサルタントの仕事です。

本書では、主に人や組織、プロジェクトチームに関わる事例を取り上げましたが、近年はさまざまな専門分野の哲学者や倫理学者と連携し、科学技術のよりよい社会実装に向けた仕事も行ってきました。

また、「未来への責任」や「研究開発の使命」、「よく生きる」といったテーマを扱い、何が本当のところ、人間や世界にとってよいのかを考える事業を企業や一般の方々に展開しています。

これらは、あらかじめ与えられた問題の解決に使う哲学というより、自由な思弁としての哲学（speculative philosophy）です。直接的な利害関心を離れているという意味では「役に立たない哲学」といってもいいでしょう。

「哲学は役に立つのか？」という問いの答えは、すでに出ています。「役に立つ」のです。ですが、同時に問われるべきは、「役に立つ」とはどういう意味か。どのように哲学を使うのが望ましいのか。そもそも哲学を役立たせる必要があるのか。こうした問いです。
民間企業でも日本の政策でも哲学を取り込んでいこうとする風潮が広まるなか、私は**役に立たない哲学も、役に立つ哲学に勝るとも劣らない価値がある**と主張したいと思います。もちろん、実用的な哲学があってもかまいません。ですが、「本当にそれでよいのか？」と問いかけるのも哲学なのです。

哲学の意義の一つは、そのように「〇〇と考えられているけれども、本当にそうなのか？　△△であるかもしれない」という別の選択肢に開かれることにあります。「何であるか」の本質を問い、それに答え、「別もありうるのではないか」とまた問うていく。
収束と発散を繰り返すダイナミックな思索を展開するなかで、もうこれ以上、別様には考えられないという地点まで考え抜く。それは唯一の答えではないかもしれませんが、思索は着実に前進し、関与者みんなが腹落ちする考えに出会うこともあるはずです。その瞬間は、あるテーマでの議論の可能性が汲みつくされることで訪れることもあれば、誰かの一つの突飛な発言によって訪れることもあるでしょう。

私は、こうした背景のもと「**May（might）」の価値**を提言しています。

ビジネスでも個人の生き方でも、Ｗｉｌｌ（何をしたいか）、Ｃａｎ（何ができるか）、Ｍｕｓｔ（何をすべきか）の明確化が大事だと説かれます。本書でもその重要性を指摘してきました。

しかしその一方で、「何をしたいか」「何ができるか」「何をすべきか」といった問いは、ときに人を追い詰め、息苦しさを感じさせます。

第４章で紹介したように、「生きがい」や「働きがい」といったテーマでワークショップをすると、そうした言葉や社会的要求に悩み、苦しんでいる人も数多くいることがわかります。「ウェルビーイング」や「幸福」も、ある価値観・世界観が別の価値観・世界観を抑圧しているにすぎないことが往々にしてあります。

それに対して、「**かもしれない**（**であってもよい**）」**は多様性を包みつつ、個人や組織のポテンシャルを最大限に発揮させます。** もちろん「なんでもしてよい」というわけではありません。むしろ、時間や資源などリソースが限られるなか、「何を希望してもよいのか」を含意しつつ、個人や組織の創造性を開放します。

私自身、哲学がもつＭａｙ（might）の側面に助けられてきました。

哲学を仕事にするには大学の専任教員になるしかない。膨大な学務をこなしながら、定年退職を迎えるまで研究発表をして生きていく――そのような一択ではなく、アカデミズムからはみ出し、別様の生き方や働き方の選択肢を見出していったのです。

これは私にとって自分の創造性を最大化できる道となっています。さまざまな職業や世代の人たちと対話することで、哲学書を読んだり大学の研究者と議論したりするだけでは得られない多くの気づきがあります。現実世界との影響関係のなかで「哲学している」という実感も得られています。

これからの哲学研究者には、アカデミズム外の人や組織と協働するさまざまなかたちがあり得るでしょう。私自身、これまでの事業の枠をさらに超えて新たな道を切り拓いていきたいと思っています。

設立から現在に至るまで会社が成長できたのは、私一人だけの力ではありません。多くの方々に助けられ、今があります。

とくに、東京大学ＥＭＰの高梨直紘さんは、当社の事業が注目されるきっかけとなった六本木アカデミーヒルズでの講演のチャンスを与えてくださいました。そのイベントに参加し、日本ＩＢＭの本社で哲学シンキング体験会を開いてくださった平塚博章さん、その場に社外から参加されていた伊原木正裕さん、三上龍之さんには、これまでさまざまなアドバイスをしていただきました。いつも相談に乗っていただき、ありがとうございます。また、役員の吉辰桜男さん、間宮真介さんをはじめ、当社メンバーや共同研究員のみなさんには日ごろから支えられています。なかでも、堀越耀介さん、清水友輔さん、小原優吉さん、小宮理奈さんにはリサーチなどの協力を賜り、本書もその成果に多くを負っています。改めて感謝の言葉をお伝えしたいと思います。

本書では、私自身の専門分野についても紹介できました。研究者になるまで多くの先生方にご指導いただきましたが、田中裕先生、大橋容一郎先生には、学部生のときからお世話になり、自ら哲学する姿勢を学びました。心より感謝申し上げます。

本書の編集を担当してくださった渡部絵理さんには、著者の考えを最大限に尊重していただいたと感じています。試行錯誤しながらも本書を書き上げることができたのは、渡部さんのおかげです。また、第3章の企業事例の取材に関しては、ライターの長山清子さんにお手伝いいただきました。日本電設工業の事例紹介については佐々木智絵さん、柄澤俊明さんにご協力いただきました。本書刊行に至るまでにお世話になったすべての方々にお礼申し上げます。

世界を見渡すと、気候変動、パンデミック、戦争と、あらゆる災厄が飛び出した局面にあるように思えてなりません。しかし、一説にはパンドラが箱（神話では壺）を閉じたとき、希望だけが残ったとされています。その箱をもう一度開けたときどうなるのか。哲学の務めは、世界がより望ましいものになるように後押しすることだと私は考えています。

本書を手に取ってくださった読者のみなさんにも、日々の生活や仕事はもちろんのこと、未来の選択肢を広げるために哲学思考を実践していただければ幸いです。

本書は、まもなく7歳の誕生日を迎える長男に捧げたいと思います。将来、大人になったとき、たくさんの選択肢から自分の生きる道を選べることを妻とともに願って。そして、これからの世界を生きるすべての子どもたちもそうであることを願って。

2023年10月　吉田幸司

注

はじめに

1 プラトン『ソクラテスの弁明・クリトン』三嶋輝夫・田中享英訳、講談社、1998年、49～50頁。

2 「『美白』を次々と削除…ロレアル、ユニリーバなどの大手企業が製品ラインから」BUSINESS INSIDER、2020年7月2日。https://www.businessinsider.jp/post-215732
「剃る一択じゃない。『"ムダ毛"表現やめます』カミソリ大手Schickが宣言したわけ」HUFFPOST、2022年4月13日。https://www.huffingtonpost.jp/entry/story_jp_624fa9bae4b06c2ea31b5be9

3 『日本経済新聞(電子版)』(日本経済新聞社、2019年5月17日)のストーリー「キセキの高校(5)」。https://www.nikkei.com/article/DGXMZO44664680Q9A510C1000000/
『週刊ダイヤモンド』ダイヤモンド社、2019年6月8日号、68～74頁。

第1章

4 詳細は、例えば以下の記事を参照。
"Google's in-house philosopher: Technologists need a 'moral operating system'" VentureBeat, May 14, 2011.
https://venturebeat.com/business/damon-horowitz-moral-operating-system/
"Google's in-house philosopher talks technology" The Daily Northwestern, April 30, 2013.
https://dailynorthwestern.com/2013/04/30/campus/googles-in-house-philosopher-talks-technology/
"Apple employs an in-house philosopher but won't let him talk to the press" QUARTZ, April 22, 2019.
https://qz.com/1600358/apple-wont-let-its-in-house-philosopher-talk-to-the-press
また、当社オウンドメディア『BIZPHILO』の記事(https://bizphilo.jp/column/35/)、および前掲の『週刊ダイヤモンド』での当社掲載記事も参照願います。記事の執筆は当社共同研究員の堀越耀介氏が担当しています。

5 "Silicon Valley executives are hiring philosophers to teach them to question everything" QUARTZ, April 18, 2017.
https://qz.com/956682/philosopher-andrew-taggart-is-helping-silicon-valley-executives-define-success

6 中岡成文「哲学プラクティス(カウンセリング)国際学会に参加して」『臨床哲学』第1巻、大阪大学大学院文学研究科臨床哲学研究室、1999年、79～90頁。

7 例えば以下を参照。近年、新興技術の研究開発・社会実装に伴うELSI(倫理的・法制度的・社会的課題)への対応が求められており、当社もELSIに関わる事業に携わってきました。詳細は65頁のコラムも参照願います。
「『AI利用のルールづくり』を求め、ついにグーグルが動きだした」WIRED、2019年2月7日。
https://wired.jp/2019/02/07/google-says-wants-rules-ai/
「ELSI対応なくして、データビジネスなし?! 話題のELSIとは」電通報、2020年2月7日。
https://dentsu-ho.com/articles/7123
「生活者・データビジネス従事者のELSI課題意識を読み解く」電通報、2022年8月22日。
https://dentsu-ho.com/articles/8297
なお、近年は日本も「ルール形成」を促し始めています。例えば、以下を参照。
「市場形成力指標」経済産業省、2023年1月12日。
https://www.meti.go.jp/policy/economy/hyojun-kijun/katsuyo/shijyokeisei/

8 Google, Apple, Facebook(現メタ), Amazonの頭文字をとった用語。

9 以下を参照。なお、本コラムの調査について、清水友輔氏の協力に負っています。

「グーグルがAIの倫理を専門とする研究者を解雇、業界に広がる波紋の理由」WIRED、2020年12月7日。
https://wired.jp/2020/12/07/prominent-ai-ethics-researcher-says-google-fired-her/
“Two Google engineers quit over company's treatment of AI researcher” The Guardian, February 4, 2021.
https://www.theguardian.com/technology/2021/feb/04/google-timnit-gebru-ai-engineers-quit
“Google fires Margaret Mitchell, another top researcher on its AI ethics team” The Guardian, February. 20, 2021.
https://www.theguardian.com/technology/2021/feb/19/google-fires-margaret-mitchell-ai-ethics-team

10 “How Twitter hired tech's biggest critics to build ethical AI” protocol, June 23, 2021.
https://www.protocol.com/workplace/twitter-ethical-ai-meta

11「ツイッターの大規模解雇は『AI倫理』の分野にも打撃、研究チームの“解散”が業界に波紋」WIRED、2022年11月6日。https://wired.jp/article/twitter-ethical-ai-team/

12 注3を参照。

13 本項目の調査について、小原優吉氏の協力に負っています。

14 “Investor Bill Miller commits $75 million to Johns Hopkins Philosophy Department” HUB, January 16, 2018.
https://hub.jhu.edu/2018/01/16/bill-miller-hopkins-philosophy-gift/

15 ジョージ・ソロス『ジョージ・ソロス』日興證券株式会社監修、テレコムスタッフ訳、テレコムスタッフ、1996年、48頁、301頁。

16 注2を参照。

17 L. S. Ford, *The Emergence of Whitehead's Metaphysics*, SUNY Press, 1984, p. 309.

第2章

18 小林三郎『ホンダ イノベーションの神髄』日経BP社、2012年、8頁。

19 前掲書、66頁。

20「『パーパス経営』を考える　野中郁次郎氏・花王沢田会長」日本経済新聞、2022年2月13日。
https://www.nikkei.com/article/DGXZQOUC21A8U0R20C21A4000000/
「人的資本経営は、経営者だけの問題ではない。若手・中堅が今すぐ取り組むべき5つのこと」ダイヤモンド・オンライン、2022年12月13日。https://diamond.jp/articles/-/314028?page=2
オンラインセミナーH2Hでの講演「ESG経営をリードする花王の技術革新」(2022年5月18日開催)も参照しました。

21「飲みニケーション文化は悪か？ 受け継ぐ価値を考えた」NIKKEIリスキリング、2021年12月8日。
https://reskill.nikkei.com/article/DGXZQOLM035GI0T01C21A2000000/
記事によれば、「職場の方との“飲みニケーション”は必要だと思いますか？」という質問に対し「不要」「どちらかといえば不要」と答えた割合は61.9%に達し、必要派の38.2%を上回った。

22 吉田幸司『「課題発見」の究極ツール 哲学シンキング』マガジンハウス、2020年。注3で言及した『日本経済新聞（電子版）』や『週刊ダイヤモンド』では、企業担当者からのコメントや実践例が掲載されているので、あわせてご覧ください。

第3章

23 人間中心の調査手法の総称。定量化される統計情報以外にも人の考え方、感じ方にも焦点をあ

てる定性的な調査を重視します。

24 成功の循環モデルについて以下を参照。Daniel Kim, "What is Your Organization's Core Theory of Success?" The Systems Thinker. https://thesystemsthinker.com/what-is-your-organizations-core-theory-of-success/

第４章

25 ただし注意すべきは、例えば「アリストテレスは○○と言っていて、それがビジネスに役立つ」といっても、それが正しいとは限らないという点です。アリストテレスは「勇気」や「節制」などさまざまな徳を挙げますが、議論の中身を追うと、今日からみて差別的含意があるものもあり、その徳目リストをそのままビジネスに適用できるわけではありません。哲学の研究者たちは過去の議論を踏まえつつも批判的に吟味してアップデートしています。前章までにみた思考と態度は、哲学をビジネスに活かす際にも前提となるのです。

26「アート・ディレクション」や「コピー・ディレクション」といった言葉や役割があるように、どういった哲学の分野や専門家が当該課題にふさわしいかを見極めること自体に哲学の専門性と経験が必要です。私は、そうした一連のディレクションに「フィロソフィー・ディレクション」、その担い手に「フィロソフィー・ディレクター」という造語を提唱しています。

27 ホワイトヘッド哲学と経営学の関係や歴史について下記を参照。村田康常「共感に基づき説得によって促される協働―経営哲学としてのホワイトヘッド文明論」『名古屋柳城短期大学研究紀要』第38号、2016年、77～92頁。吉原正彦『経営学の新紀元を拓いた思想家たち―1930年代のハーバードを舞台に―』文眞堂、2006年。

28 野中郁次郎、遠山亮子、平田透『流れを経営する―持続的イノベーション企業の動態理論』東洋経済新報社、2010年、vi頁。

29 前掲書、iv頁以下。

30 平野啓一郎『私とは何か―「個人」から「分人」へ』講談社、2012年、7頁。

31 三木清『人生論ノート』所収「人間の条件について」新潮社、1954年、58～63頁。

32 前掲書「孤独について」、65頁。

33 以下の議論は、ジル・ドゥルーズ『記号と事件：1972-1990年の対話』（宮林寛訳、河出文庫、2007年、356～366頁）所収の「追伸―管理社会について」を参照しています。

34 現代経営学の主潮流とは異なる経営学の発展に関しては、ホワイトヘッド哲学の経営学への応用研究に多くを負っています。例えば、以下を参照。村田晴夫『管理の哲学』文眞堂、1984年。村田晴夫『文明と経営』文眞堂、2023年。藤沼司『経営学と文明の転換―知識経営論の系譜とその批判的研究―』文眞堂、2015年。

35 A. N. Whitehead, *The Concept of Nature*, Cambridge University Press, 1964, p. 74.

【著者紹介】

吉田　幸司（よしだ・こうじ）

◉――クロス・フィロソフィーズ株式会社代表取締役社長。博士（哲学）。

◉――上智大学哲学研究科博士課程を修了後、同大学文学部特別研究員PD、日本学術振興会特別研究員PD（東京大学）などを経て、現職。日本で初めて「哲学」を事業内容に掲げた株式会社を設立し、哲学の専門知と方法論を活用した「哲学コンサルティング」や、人材・組織開発、ビジョン構築などに使えるワークショップを実施。その取り組みが数々のトップ企業において実を結び、『日本経済新聞』『週刊ダイヤモンド』など、各メディアで大きく取り上げられている。哲学シンキング研究所センター長、上智大学非常勤講師、『BIZPHILO』編集長、日本ホワイトヘッド・プロセス学会理事などを兼任。

◉――著書に『「課題発見」の究極ツール　哲学シンキング』（マガジンハウス）がある。

クロス・フィロソフィーズ株式会社
https://c-philos.com/
哲学シンキング研究所
https://tetsugaku-thinking.com/
『BIZPHILO』（ビジネス×哲学のオウンドメディア）
https://bizphilo.jp/

本質《ほんしつ》を突《つ》き詰《つ》め、考《かんが》え抜《ぬ》く　哲学思考《てつがくしこう》

2023年11月6日　　第1刷発行

著　者――吉田　幸司
発行者――齊藤　龍男
発行所――株式会社かんき出版
東京都千代田区麹町4-1-4 西脇ビル　〒102-0083
電話　営業部：03(3262)8011㈹　編集部：03(3262)8012㈹
FAX　03(3234)4421　　振替　00100-2-62304
https://kanki-pub.co.jp/

印刷所――図書印刷株式会社

ISBN978-4-7612-7699-7 C0030